BIBLIOTECA ADELPHI
387

LEONARDO SCIASCIA

Per un ritratto
dello scrittore da giovane

ADELPHI EDIZIONI

ISBN 88-459-1526-3

INDICE

PER UN RITRATTO
DELLO SCRITTORE DA GIOVANE

DEL DORMIRE CON UN SOLO OCCHIO

Nel luglio del 1929, nel «Lunario siciliano», «periodico letterario» alquanto lunatico appunto riguardo alla periodicità, Vitaliano Brancati – ventidue anni – pubblicava un articolo che, per come è scritto, si potrebbe anche attribuire agli anni suoi più maturi: *Intelligenza siciliana*. Di piccato orgoglio, si direbbe, ed ingenuo e rasenta la fanaticheria, se non il fanatismo: ma riconoscibile come suo anche raffrontato alle pagine ultime. «L'Europa, che comincia a nord con fiumi gelati e popoli dal pensiero lucido e senza vertigini, dopo il gran salto delle Alpi, si ingolfa, da questa parte, nel Mediterraneo e finisce lentamente con la Sicilia. L'Europa che finisce: ecco la Sicilia ... In inverno, il vento che scende dal nord porta il freddo di Londra, di Leningrado, di Parigi. La gente va con soprabiti che ricordano i figurini delle capitali nordiche. Nell'estate, il vento che sale dal sud porta l'afa equatoriale; le palme cre-

1929

scono; in qualche orto allignano i datteri; le belle ragazze di campagna acquistano una vaga fisionomia di arabe. Come questi due venti, una corrente alternata di pensiero attraversa la Sicilia ... E quando il pensiero europeo ha portato quaggiù l'inquietudine degli eterni dubbi e dei grandi interrogativi, la mistica Africa ha disteso la sua mano attraverso il Mediterraneo per abbassare le nostre palpebre e addormentarci piano piano ... Abituata a queste due *formae mentis*, l'intelligenza siciliana ha acquistato una facoltà di comprendere che nessun europeo e nessun africano ha mai avuto ... Tutto ciò che si poteva comprendere, qui si è compreso. Non c'è enigma dello spirito, umanamente solvibile, che un umile siciliano non possa sciogliere ... Il popolo più intelligente di Europa».

Questa idea della Sicilia attraversata da una corrente alternata di pensiero e conseguentemente capace di comprendere tutto quel che è umanamente comprensibile, assume più tardi, circa dieci anni dopo, una distinzione, per così dire, interna. A Palermo, nella primavera del 1938: « Da questa porta sono entrati in Sicilia gli arabi, i cavilli, le sottigliezze, l'io e il non io, la malinconia e i musaici. Le sottigliezze e la malinconia sono andate a finire parte ad Agrigento, nella testa di Luigi Pirandello, parte a Castelvetrano, nella testa di Giovanni Gentile. Dalla porta orientale, sono entrati i fenici, i greci, la poesia, la musica, il commercio, l'inganno, la buffoneria e il comico: Stesicoro, Bellini, Di San Giuliano, De Felice, Rapisardi, Verga, Martoglio ... ». E vagheggiava, tra la

Sicilia occidentale e quella orientale, tra Palermo e Catania, una «controdanza dei bell'ingegni», un incontro, una specularità, un interscambio: tra esseri – dice – così strani e così diversi. Il che, in effetti, era già accaduto nell'opera di Pirandello; e stava per accadere nella sua: poiché se teatro dei suoi personaggi sarà sempre la Sicilia orientale tra Pachino e Catania, nelle loro teste sottigliezze e malinconia, io e non io, musica, inganni e buffonerie si agiteranno in alternanza o commistione. Siffattamente s'intesse, nelle sue pagine, il dongiovannismo siciliano, l'erotismo esistenziale dei siciliani: che si può dire, approssimativamente, consista nel pensare e sognare la donna con tale assiduità e intensità, e talmente assottigliandone e sofisticandone il desiderio, da non reggere poi alla presenza di lei, da esserne umiliati e come devastati.

Questa annotazione, comunque, più che condurre a quello che si può considerare il pensiero dominante dei personaggi di Brancati e dell'intera sua opera, vuole avvertire di un'idea della Sicilia che egli mai dismise e sempre più compiutamente e complessamente visse e rappresentò: più e più, negli anni, fortemente contrastata (nel senso in cui lo si dice per le immagini fotografiche), drammatica, dolorosa; ma sempre compiaciuta, sia pure più oscuramente – e di un'oscurità, intendiamo, in profondo. La Sicilia come luogo della più vasta e acuta intelligenza umana: ma di un'intelligenza che è remora e dolore, accettati – remora e dolore – come giusto prezzo. E per la piena comprensione dei libri di Brancati, bisogna tener conto di questa sua «credenza». Che è in fondo – informe, o variamente filtrata e intellettualizzata, o volgarmente millantata quando meno si dovrebbe – di ogni siciliano: e si veda, nel *Gattopardo*, il discorso di don Fabrizio al piemontese Chevalley («i Siciliani non vorranno mai migliorare per la semplice ragione che credono di essere perfetti; la loro vanità è più forte della loro miseria; ogni intromissione di estranei sia per origine sia anche, se si tratti di Siciliani, per indipendenza di spirito, sconvolge il loro vaneggiare di raggiunta compiutezza, rischia di turbare la loro compiaciuta attesa del nulla»: ed è da notare il curioso lapsus in cui Lampedusa incorre: che mentre criticamente affronta la «credenza» e la considera vanità e vaneggiamento, mai dimentica la maiuscola per i siciliani, sporadicamente ricordandosene per tutti gli altri popoli che gli avviene di nominare).

Da questa «credenza» deriva, alla pagina di Brancati, un che di iniziatico, di segreto: una sintassi, una cifra che possono essere interamente sciolte da coloro, direbbe il Pitrè, che sono «dei medesimi pensamenti, del medesimo sentire di lui»: e cioè dai siciliani e da coloro che nella condizione siciliana sanno immedesimarsi per simpatia, per conoscenza. Non si tratta soltanto di una difficoltà strumentale: dialetto, struttura dialettale della frase, riferimenti a tradizioni ed abitudini, a particolarità storiche; si tratta, soprattutto, di una difficoltà «sentimentale». Da ciò un margine di intraducibilità che, paradossalmente, si riduce (o si può ridurre) nelle traduzioni in altre lingue, ma si allarga per il lettore italiano che non sia passato, con attenzione e affezione, da Verga e Pirandello. Ed è anche perciò che Brancati – indubbiamente lo scrittore italiano più interessante degli anni Quaranta e Cinquanta – resta, nonostante le sollecitazioni cinematografiche, uno dei meno letti e dei peggio letti.

Il « Lunario siciliano » si pubblicava a Roma. Lo dirigeva Telesio Interlandi, siciliano di Chiaramonte Gulfi, in provincia di Ragusa. Null'altro che il suo cognome, segnato da un lontano, germanico retroterra (ma registrato dal Rohlfs nelle provincie di Messina, Catania e Siracusa), lo destinava a diventare, dieci anni dopo, un « difensore della razza »; in tutto siciliano, e anche fisionomicamente: come si vede dai ritratti che ne fecero Bartoli e Maccari. E da buon siciliano, dirigendo il « Lunario » e poi il quotidiano « Il Tevere » e il settimanale « Quadrivio », molti furono i siciliani che chiamò a collaborare, suoi coetanei e più giovani: Nino Savarese, Francesco Lanza, Rodolfo de Mattei, Aurelio Navarria, Arcangelo Blandini, Alfredo Mezio, il pittore Francesco Trombadori; e Vittorini e Brancati giovanissimi. E non immeritatamente, come oggi possiamo riconoscere (ma nessuno, mi pare, lo seguì poi a dar collaborazione alla rivista « La difesa della razza »).

Era, il « Lunario », una specie di affermazione dello « strapaesismo » siculo, eletto Verga a nume tutelare: e con dentro l'istanza di una « purezza » fascista in senso rivoluzionario (e forse perché deluso in tal senso, Interlandi si buttò poi a vagheggiare altra «purezza»: masochisticamente). Qualcosa di simile al «Selvaggio» di Maccari; ma incontrandosi poi col riformismo pedagogico, a carattere meridionalista, di Giuseppe Lombardo-Radice, perse, per così dire, di «selvaggiume» e assunse toni bucolici, elegiaci: la terra, il grano, le vendemmie, le stagioni. Ma a quel punto mi pare fosse passato di mano: Interlandi non amava Gentile ed è da presumere non amasse il gentiliano Lombardo-Radice, pure siciliano. E sarebbe da fare una piccola storia dell'incidenza che le rivalità tra i siciliani e i puntigli che ne son derivati – e se non le rivalità il reciproco, più o meno volontario, ignorarsi – hanno avuto nella vita italiana: tra Crispi e Di Rudinì, tra Lombardi e La Malfa, tra vertici di magistratura e vertici di polizia. E non è da trascurare l'avversione di Interlandi a Gentile, al troppo «liberale» Gentile; vena di avversione che nel fascismo corse sino alla fine (del fascismo e di Gentile, alla cui uccisione la responsabilità morale viene attribuita, almeno in parte, a Concetto Marchesi e Girolamo Li Causi, siciliani). E prende una certa rilevanza, in questo senso, il non incontrarsi, negli anni del dopoguerra, di Vittorini e Brancati, il loro dire cose diverse (ma tanto più giuste quelle che diceva Brancati) anche nel momento in cui più sarebbero stati vicini se meno si fossero misconosciuti; e così, anche, il rifiuto del *Gattopardo* da parte di Vittorini: senza il qual rifiuto – se è permesso un «se» – il libro, calato nella Medusa degli italiani o in altra collana di estrazione vittoriniana, forse non sarebbe stato un caso, un avvenimento di tanto clamore: già esistendo nelle patrie lettere un libro come *I viceré*; dimenticato, ma non dall'autore del *Gattopardo*, che a risarcimento del libro di De Roberto evidentemente scrisse il suo: nell'impressione che fosse da cameriere il giudizio di De Roberto sulla sicula aristocrazia. La catena delle avversioni tra siciliani è piuttosto lunga.

Nella tradizione della narrativa siciliana, a De Roberto si collega, ed è collegabile criticamente, Brancati. La sua visione della storia siciliana, della classe di potere siciliana – gattopardi o sciacalli che siano – è quella dei *Viceré*, dell'*Imperio*. Quando nomina (come nel brano avanti citato) Di San Giuliano, si sente che non ha davanti il ministro degli esteri del Regno d'Italia che assicura la buona salute della triplice alleanza nel momento in cui sta per avere una ricaduta e un definitivo collasso – o almeno non soltanto: ha davanti il Di San Giuliano-principe di Francalanza nel romanzo di De Roberto. E poi: come si disse che tanti personaggi della narrativa russa erano venuti fuori dal *Cappotto* (o *Mantello* che lo si voglia dire) di Gogol', più di un personaggio di Brancati è da ascrivere all'anagrafe derobertiana: e sopratutto i padri, quelli che nei romanzi e racconti hanno la sventura di figli tralignanti per dannunzianesimo, fascismo e carenze e rovelli sessuali; padri di una complessione che li destina all'apoplessia, irascibili, di feroce giudizio sugli altri e per nulla e mai inclinati a giudicarsi: e sembrano venir fuori dal saio benedettino di padre don Blasco.

Del fascismo Brancati ha la stessa visione che

De Roberto ebbe del Risorgimento, del garibaldinismo: partendo dalla Sicilia ma allargandola all'Italia. Non c'è soluzione di continuità: i fascismi vengono fuori uno dall'altro, sicché il fascismo vero e proprio si configura agli occhi di Brancati come una sintesi di autobiografia della nazione. Un'autobiografia che contiene in parte la sua, i suoi «anni perduti».

«Sui vent'anni, io ero fascista sino alla radice dei capelli. Non trovo alcuna attenuante per questo. Mi attirava, del fascismo, quanto esso aveva di peggio, e non posso invocare per me le scuse a cui ha diritto un borghese conservatore soggiogato dalle parole Nazione, Stirpe, Ordine, Vita tranquilla, Famiglia, ecc. Per effetto di non so quale triste tendenza, che si annidava nel fondo della mia natura, e che ancor oggi mi fa dormire con un solo occhio come il custode nella casa già visitata dai ladri, sui vent'anni io mi vergognavo sinceramente di ogni qualità alta e nobile e aspiravo ad abbassarmi e invilirmi con lo stesso candore, avidità, veemenza con cui si sogna il contrario».

Il «pentitismo», inteso come alleggerimento della propria coscienza e aggravio delle altrui responsabilità nei riguardi della collettività e nostri, non è una invenzione giudiziaria dei nostri anni ma una insopprimibile categoria della vita italiana, della storia italiana. Brancati rifiutò di considerarsi in questo senso, rispetto al fascismo, un «pentito»; così come sempre rifiutò di collettivizzare le responsabilità, di attribuirle a una società, a una classe, all'oscurità dei tempi: e in ciò è forse da ravvisare, nella sua coscienza, nella sua opera, il solo e più intrinseco momento della lezione manzoniana. La responsabilità del fascismo era sua: nella somma dei sentimenti, delle volontà, dell'oscurità delle menti, della vocazione alla violenza che lo aveva generato e lo aveva per vent'anni mantenuto. «Il fascismo che è in noi» diceva Vittorini: ma senza sentirne, come Brancati, il rovello, l'ossessione quasi. Un fascismo che non stava nei limiti cronologici dell'anno in cui era insorto e dell'anno in cui era crollato: e anzi da quel crollo, da quei «pentimenti», poteva con altro nome uscire indenne ed attivo. Inquisizione, persecuzione, censura: e chiamarsi antifascismo. E da questo antifascismo, cui gli italiani si abbandonavano (si disse che la popolazione italiana, allora di quarantacinque milioni, il 25 luglio del 1943 si era improvvisamente raddoppiata: quarantacinque milioni di fascisti, quarantacinque milioni di antifascisti), Brancati si guardava: dentro di sé prima che fuori; e perciò dormiva con un occhio solo. Ma giudicando di esemplare singolarità tra gli italiani, nella cultura italiana, il suo consegnarsi alla colpa, il suo confessarla e arrovellarsene, a noi spetta trovare quelle attenuanti che Brancati riteneva di non dovere invocare. Nato nel 1907, aveva otto anni nel momento in cui, da Quarto, il poeta, il Poeta, chiamava alla guerra e gli italiani entusiasticamente se ne accendevano nelle piazze, nelle scuole (e ancora durava l'eco, di gloria nella voce del Poeta, della conquista libica); ne aveva dodici al momento in cui Mussoli-

19

ni fondava i fasci (di combattimento: parola che è mancata, negli anni nostri, alla pur possibile resurrezione del fascismo, di un fascismo) e quindici quando i fascisti marciavano su Roma; tra adolescenza e giovinezza visse, come noi tra infanzia e adolescenza, quelli che lo storico chiama «gli anni del consenso»: un consenso che, pieno e fervido nella classe borghese (e specialmente nella piccola e infima, poiché mai lo stipendio del travet, del questurino, del maestro di scuola è stato come allora sufficiente in rapporto al bisogno e a quel tanto di superfluo – pochissimo – cui si poteva limitatamente accedere), arrivava alla classe operaia, cui la «carta del lavoro» aveva dato, un po' in concreto un po' in illusione, quel che decenni di lotte sindacali e socialiste non avevano ottenuto. E c'erano le parole, che dal Poeta erano passate al regime: eroiche, solenni, vibranti. E l'adunarsi, l'aggregarsi: insopprimibile istanza giovanile oggi di altro squallore. E i riti. Tutto era allora fascismo, insomma, intorno a un uomo di vent'anni. E perché un uomo di vent'anni cominciasse a non sentirsi fascista, a detestare quelle parole, quei riti, quella violenza, quella unanimità, occorreva insorgesse «una strana quanto benefica *mancanza di rispetto*»: verso i padri, le madri, i parenti tutti, le autorità tutte, la scuola, il Poeta, la Chiesa. Sicché, paradossalmente, il guadagnar buona salute d'intelligenza, di giudizio, finiva col riscuotere una condizione di malattia: l'isolamento (alla mercé dei delatori, anche fisico), la solitudine, l'esilio.

Con Giuseppe Antonio Borgese, esule negli

Stati Uniti, il giovane Brancati manteneva corrispondenza. Voleva dapprima convincerlo della necessità storica del fascismo, del nuovo che il fascismo rappresentava, delle energie che suscitava. E conciliarvelo, persino aspirando a farsi mediatore della conciliazione. Gli sembrava impossibile che Borgese « non capisse » il fascismo (ed è da credere sembrasse impossibile allo stesso Mussolini), quasi una contraddizione. Ma appunto con *Rubè*, romanzo equivocamente letto (e acremente tuttora), Borgese aveva preso le distanze dal rosso e nero della « roulette » ideologica, nell'avvertimento del pericolo che l'universo della stupidità ferocemente vi si intridesse: e prima che nell'esilio americano si era ritirato in quell'esilio, in quella specie di landa lunare in cui, come il senno di Orlando, sta il giudizio morale. Aveva tempestivamente fatto i suoi conti con D'Annunzio (« fui nella mia verde gioventù dannunziano diciotto mesi, e non ortodossamente » scrive a Brancati): e la somma forse la si può condensare nella scherzosa constatazione che ci sono però i carabinieri, nel saggio su D'Annunzio appunto: che è richiamo a tutt'altro ordine di quello del « carabiniere a cavallo » (e in grande uniforme per giunta: come nella carica del *Diavolo al Pontelungo*) che tanti scrittori italiani, in estetica e in politica, vagheggiavano.

Le lettere del Brancati « fascista » saranno state di alquanta presunzione e petulanza: ma Borgese capiva e aspettava. Aveva sempre avuto grande intuito, coi giovani scrittori; e si può fargli credito che anche nelle pagine « fasciste » di Brancati, per come erano scritte, per certa dimessa attenzione alle figure minori e alle cose di ogni giorno, per certi dettagli e certe divagazioni, avesse intravisto il talento dello scrittore e previsto il travaglio, la crisi che lo avrebbe liberato da quella giovanile infatuazione. E si veda, ne *I fascisti invecchiano*, il capitolo in cui Brancati dice del suo rapporto con Borgese.

La lettera di Borgese, che Brancati riportava quasi interamente, è dell'8 luglio 1933 e finisce con queste parole: «Forse questa lettera Le spiacerà. Ma la riponga tra le Sue carte ed aspetti a giudicarla dieci anni». Da ascrivere a premonizione; e da considerare la coincidenza in cui si realizza: esattamente dieci anni dopo, la sera del 9 luglio 1943, le armate alleate sbarcarono in Sicilia. Ma, dice Brancati, «non dovevo aspettare dieci anni». Già nella lettera seguente, Borgese indovinava l'incertezza e il travaglio interiore di cui il giovane Brancati era irreversibilmente preso. «Ma qui comincia per me una storia del tutto diversa, la quale, non facendomi il disonore che mi fa la prima, non conviene che sia narrata»: anche perché la narrano tutte le cose che Brancati ha scritto dopo *L'amico del vincitore*, libro in cui l'impegno fascista, la volontà di farne il romanzo del fascismo e del suo capo (col curioso tentativo di sicilianizzarli entrambi, in cui si può anche ravvisare il suo pregiudizio nei riguardi del «primato» siciliano: e forse gli pareva si potesse risarcire con l'immaginazione quel che nella realtà era mancato), l'intenzione di contrapporre il vitalismo fascista all'esangue intellettualità (intenzione, dunque, autocritica e autolesionista: vergogna, come dice, «di ogni qualità alta e nobile» e aspirazione ad abbassarsi e ad invilirsi), ad evidenza fallivano: e nel giudizio dei recensori fascisti di allora e nel nostro, più di mezzo secolo dopo. Ma attraversato e variegato, il romanzo, da tante altre cose che col fascismo non avevano a che fare e che si potrebbero inventariare come presentimenti del Brancati migliore.

È però da notare che di tali presentimenti se ne possono cogliere anche prima: in qualche racconto, nella commedia *Il viaggiatore dello sleeping n. 7 era forse Dio?*: una specie di *ouverture*, confusa e magari stridente, di quel che Brancati ha poi scritto di meglio nell'associarsi dell'erotico al metafisico, delle illusioni alle «cadute»: tra le quali cadute è da considerare preminente – preoccupazione, occupazione e rovello dell'intera esistenza – quella dell'incontro con la realtà, dello scontro, delle macerie cui il vagheggiamento amoroso e le fantasie erotiche, il parlare della donna e il sognarla, finivano col mutarsi: dando luogo a un riciclaggio mentale da cui pirandellismo e surrealismo non erano lontani. Caduta di ascendenza leopardiana, per almeno un secolo e per più generazioni scolasticamente scandita nella mente degli italiani dai versi ultimi del *Sabato del villaggio*: ma in Brancati vi si dirama – in una frequentazione meno ovvia, più intrinseca, più profonda dell'opera leopardiana – una visione della vita intrisa del sentimento, da lui connotato come «siciliano» (e che consiste nel vedere come accaduto – e sventuratamente – quel che non accade e che per esiguo margine di probabilità può accadere), dell'apprensione; sentimento cui indubbiamente concorrono, a conferirgli complessità e sottigliezza, rilevanti apporti stendhaliani. E si può qui dire che in Leopardi e in Stendhal, nell'opera loro che conosceva (potremmo giocare a dire) «par coeur», Brancati abbia anche trovato degli strumenti di scandaglio del «modo di essere» dei siciliani, in quella declinazione erotica che travalica in contemplazione della morte. Leopardi e Stendhal – cui, con pari rilevanza, sono da aggiungere Gogol' e Flaubert: ma il Flaubert che «si misura» con la stupidità, col demone della stupidità – sono, nella sua formazione e vocazione, nel suo essere scrittore, gli scrittori che contano positivamente; così come negativamente, da vaccinazione, a prenderne distacco e distanza, conta D'Annunzio e, alquanto in disparte e come per riflesso, Chateaubriand. E dell'inoculazione, dei sintomi e degli esiti della febbre dannunziana sappiamo, dalle sue confessioni e rappresentazioni, tutto: e con in fondo quella «apprensione» che si può oggi assomigliare a quella per le scorie atomiche, che non si sa dove seppellirle e, una volta seppellite, qual danno covino; ma è da vedere come un processo similmente liberatorio la sua traduzione, in anni più maturi, delle circa trecento pagine di Chateaubriand dalle circa duemila delle *Memorie d'oltre-tomba*. «Chateaubriand è considerato uno scrittore "profondo, grave, musicale". A questo scrittore, invece, noi siamo riusciti a strappare, per il bene dei lettori, un narratore agile, ironico, "tutto cose e fatti", aneddotico, divertente». Operazione che sa non lecita: uno scherzo e, come per mandato di Stendhal, quasi una vendetta postuma: «Sotto la dominazione di lui, Stendhal dovette stringere i denti e, novanta volte su cento, rassegnarsi a spiccare in un salotto, non certo per la fama delle sue opere, che nessuno aveva letto, ma per avere scandalizzato l'uditorio parlando male di Chateaubriand».

Della vicinanza di Brancati a De Roberto, del rapporto di successione, che Brancati teneva ad accettare con beneficio d'inventario («Sulla diversità di tono fra le pagine dei *Viceré* e dei *Processi verbali*, e le nostre pagine, tutti sono in grado di giudicare. Lo possiamo anche noi»), si è già fatto cenno. Si può anche fare un precario richiamo, nella tradizione dei narratori siciliani, ai *Mimi* di Francesco Lanza: il popolaresco, l'erotico, il comico dei *Mimi*; la loro essenza stessa: in cui, come in nuce, si intravede la capacità dello scrittore siciliano a cogliere nel «fatto» (nel «fatto diverso» dicono i francesi: e traducendo l'espressione in italiano si può assegnare alla diversità quel senso che non ha il nostro «fatto di cronaca») gli elementi esistenziali, pirandelliani in sé, grezzamente, che lo costituiscono. Ma, brevemente, più ci importa segnare il rapporto di Brancati con Stendhal.

Si sa che Stendhal profetizzò l'avvento dei suoi veri lettori intorno al 1880 e al 1935. Esattissima profezia: e non staremo a ripetere la verifica dei modi e della portata in cui si è le due volte realizzata. Ora, nella seconda ondata stendhalista, stendhaliana, beylista, che rincalza e rinforza la prima, bisogna fare quello che nel gergo del cinema si dice uno «zoom» su Vitaliano Brancati: uno «zoom» che primamente cade sul *Bell'Antonio*, per le tante somiglianze ad *Armance*, nel tema e nel sottotema, per così dire. Il tema è quello dell'impotenza sessuale; il sottotema è quello di una particolare società, in un particolare momento storico. Come il titolo del libro di Stendhal è *Armance ou quelques scènes d'un salon de Paris en 1827*, quello del libro di Brancati potrebbe benissimo prolungarsi in *ovvero qualche scena di un salotto catanese nel 1935*: con tutta la differenza, si capisce, che si può far correre tra un salotto parigino e un salotto catanese, tra il salotto di una società e il salotto di una non-società. Comunque, la monarchia di Carlo X, che doveva finire tre anni dopo, e il regime fascista, che sarebbe finito otto anni dopo, fanno da sfondo e condizionano gli angosciosi casi dei due protagonisti: Ottavio de Malivert e Antonio Magnano. Certe annotazioni di Stendhal, negli interfogli di un esemplare di *Armance*, lasciano intravedere come le intenzioni andassero al di là della rappresentazione di un caso d'impotenza e sollecitano a una più alta interpretazione del libro. «Un giovane Montmorency nel 1828 è: 1° o gesuita, 2° o ufficiale della guardia abituato a cavalcare e intelligente come il suo cavallo, 3° o triste come Ottavio, poiché c'è contraddizione tra quel che egli stima e quel che prevede della sua vita futura ... Impossibile che nel

1828 un giovane dica a se stesso: Ebbene, voglio decidermi: questi vantaggi sono ingiusti, ma poiché essi vengono a me senza che io li cerchi, voglio approfittarne. Né è possibile che dopo una simile conclusione egli trovi un istante di felicità».

A parte il fatto personale, biografico, che corrisponde al terzo punto della nota di Stendhal (quando, intorno al 1934, Brancati scopre di star godendo dei vantaggi, di non trovarvi alcuna felicità, di provarvi invece vergogna: e decide di lasciare Roma, «Il Tevere», la protezione di Interlandi e tutto ciò che gli veniva dall'essere considerato scrittore fascista), è da dire che l'impotenza di Ottavio e di Antonio finisce con l'essere una esemplazione fisiologica di una più profonda impotenza, di una «impossibilità»: sicché il loro vero segreto non è quello che Ottavio involge nella morte e che il suo autore non svela, né quello che Antonio vede invece esplodere in un processo di Sacra Rota: non quello, insomma, dell'impotenza sessuale; è il segreto di una infelicità che possiamo anche riscontrare nelle lontane ma ancor vibranti pagine di Tacito: l'infelicità di vivere sotto un dispotismo che, più o meno blando, segna la coscienza (di chi ha coscienza) di menzogna, di corruzione. La rovina dell'anima, per dirla con Borgese.

Che Brancati, scrivendo *Il bell'Antonio*, avesse ben presente *Armance*, non c'è dubbio. Ne ha dato, anzi, più di un segnale: le epigrafi in testa ad ogni capitolo (e una proprio di Stendhal, del tipo cautelativo-mistificatorio che lo deliziava); la descrizione della bellezza di Antonio, al principio

27

del libro, contrappuntata da quel che la gente sente e pensa di una tal malinconica bellezza; il modo di condurre il racconto, nei primi capitoli, quasi volesse, come Stendhal, mantenere il segreto sull'impotenza del protagonista... A momenti si ha persino il senso di una intenzione parodistica: e ciò quando le rispondenze tematiche e di struttura esterna rispetto ad *Armance*, vieppiù pronunciandosi, richiamano lo stendhalismo di fondo, lo stendhalismo di profondità, lo stendhalismo che si può dire genetico (stendhaliani si nasce, diceva Savinio) di questo scrittore siciliano che intorno al 1935, anno di epifania stendhaliana, trova la piena ed esatta consapevolezza del suo essere scrittore, delle ragioni – della ragione e del cuore – per cui scrive.

Brancati è, nella letteratura italiana, uno scrittore alquanto *diverso*. E si direbbe che lo è, principalmente, in forza della sua naturale inclinazione, e poi frequentazione e assimilazione, nei riguardi di Stendhal. Certamente il Settecento, il Settecento francese (con qualche puntata in quello italiano: Parini e, per mediazione ancora stendhaliana, la musica) è stato per lui propriamente importante: ma per come avvertitamente lo conosceva, Stendhal ne era il frutto che più gli era congeniale. Quello che Gide, per Stendhal, dice «lo scrivere di colpo», come se la realtà venisse occultamente rimescolata e di colpo gettata sulla pagina con l'emozione dell'azzardo – «coup de dés» cui lontanamente arridono, anche se vicini, cronologicamente più vicini, Mallarmé e le filosofie dell'esistenza: in piena efflorescenza intorno a quel 1935 – questo «scrivere di colpo» è da considerare come la peculiarità di Brancati, la sua *diversità*. Ed è appunto ricollegabile a Stendhal, allo Stendhal che Brancati leggeva in chiave settecentesca («noi amiamo i romantici per quanto hanno di classico: p. es. noi amiamo Leopardi per quanto ha dei greci, Byron e Stendhal per quanto hanno di Voltaire, Bellini per quanto ha di Mozart. L'800 è un gran secolo fin dove è alimentato dal gusto del '700: nel punto in cui quel gusto termina, cominciano le avvocature, il problemismo, l'arte per le masse, l'intimismo ecc.»).

Nella *Nuova enciclopedia*, Alberto Savinio finisce col dare dello stendhalismo questa definizione: «godimento della contemplazione dell'oggetto che dà godimento, senza presa di contatto con l'oggetto stesso». Siamo al *Don Giovanni in Sicilia* (ma non soltanto, intendiamo, al libro che così s'intitola). Stendhal. Ma anche Leopardi. E Savinio?

Per null'altro sembrano incontrarsi – il giovane Brancati, di sedici anni più anziano Savinio – che per il volere di Longanesi: la collaborazione, piuttosto assidua, all'«Italiano», ad «Omnibus», di entrambi. Ma dal filo dello stendhalismo, che sottilmente e magari diversamente li lega, se ne dipana altro per cui quietamente sfuggono al labirinto e alla cabala della psicanalisi. Un filarsela all'inglese, come si suol dire; un far finta di niente; un lasciare il luogo e la compagnia con discrezione, con discreto disinteresse, con discreta in-differenza. Savinio scrive una lunga «voce» sui sogni negando la possibilità di interpretarli e sen-za far mai il nome di Freud; e la stessa cosa dice in effetti Brancati, la volta che racconta un suo so-gno. «Il sogno non è un problema» dice Savinio: ed è punto di partenza per una destituzione della psicanalisi.

Questo loro prender distanza dalla psicanalisi parallelamente corre al loro prender distanza dal marxismo – e dal comunismo stalinista, ai loro an-ni rigoglioso, incommensurabilmente. Quel che di vivo c'era e c'è nel marxismo, e il tanto che, con tutta evidenza, ci appare oggi morto (e già cominciava allora a morire, facendosi morte nel destino di tanti uomini), era per loro come scon-tato. Grandezza intellettuale di cui dovremmo te-nere buon conto. E per quanto riguarda Branca-ti: egli appartiene anagraficamente a una genera-zione di intellettuali che dal fascismo passa al marxismo e al comunismo stalinista attraverso la presa di coscienza di quel che, in diagnosi marxi-sta, era la guerra civile spagnola, prodromo alla seconda mondiale; ma se ne distacca, per scarto cronologico, per un lieve ma significante antici-po. Questo anticipo gli consente di vedere il fa-scismo, prima che come tragedia, come «fatto co-mico», come edificazione del ridicolo e costri-zione ad esso degli uomini. Una sudditanza al ridicolo: che uccide chi lo promuove e chi lo su-bisce. A meno che, chi lo subisce, non se ne salvi con una salutare «mancanza di rispetto». Come appunto è accaduto a Brancati.

Proprio nel 1934 Pirandello, fascista ormai disincantato, pubblicava sul « Corriere » la novella *C'è qualcuno che ride*: in una cerimonia indubitabilmente fascista, del fascismo, delle sue luttuose solennità. Ed è come se Vitaliano Brancati ne avesse raccolto la consegna.

1987

I VICERÈ

Tra il '36 e il '38, nella scuola che io frequentavo insegnavano due giovani professori che si erano laureati con una tesi su Federico De Roberto. Uno dei due era Vitaliano Brancati.

Non più letto e quasi dimenticato, Federico De Roberto era dunque noto ad una ventina di ragazzi e da tre o quattro amato. Trovare i suoi libri non era facile: qualcuno in biblioteca, qualche altro in prestito dagli stessi professori; ma siamo arrivati, credo, a leggere tutti i romanzi e i racconti. I saggi ci sembrarono, al primo assaggio, noiosi; e ancora oggi, per quella impressione, avendoli ormai radunati tutti, rimando la lettura da una estate all'altra, stagione per me propizia a letture che posso chiamare di lavoro.

L'impressione più forte ci venne allora dai racconti: i *Processi verbali, La sorte, Cocotte.* Su *I vicerè* pesava, come ancora pesa, il giudizio di Croce e dei crociani: ed era difficile, nella scuola di allora, mandare al diavolo Croce e i crociani, la poesia e la non poesia, e leggersi *I vicerè*, come poi durante la guerra li lessi, pensando che tanto peggio per la poesia, se poesia non c'era. Mi pare di aver sempre detestato quel ridurre un testo, per i buchi della non poesia, a una specie di colabrodo: ma senza riuscire a farmene consapevolezza e ragione se non poi, fuori della scuola, e appunto sulle pagine di De Roberto, del De Roberto de *I vicerè*. « Se ci fossero cinquanta pagine in meno! » sospiravano coloro che amavano il libro ma non volevano mancare di rispetto a Croce. E perché avrebbero dovuto esserci cinquanta pagine in meno? E quali, poi? Tecnicamente, è un romanzo « ben fatto », senza ingorghi e dispersioni. Una tecnica così sicura, un tempo, un ritmo tanto vigilato e costante danno ai personaggi una situazione – per dirla con una espressione di Ortega – di « democrazia ottica »: a lettura finita, e anche nel ricordo più lontano, i personaggi stanno tutti sullo stesso piano, nella stessa cruda luce, equamente indimenticabili così come equamente necessari ed importanti, nell'idea che muove il libro, sono stati concepiti. Perché il romanzo non ha protagonisti, se non nel senso che ogni personaggio lo è di un racconto dentro un racconto – e il racconto che li contiene tutti è, a sua volta, una storia dentro *la* storia; una storia genealogica (ma non ciclica, non « chiusa ») dentro la storia siciliana, e nel punto in cui diventa storia italiana. E ciò senza che l'essenza e compattezza del romanzo in quanto romanzo ne siano incrinate. Se poi si vuole, comunque, trovare un protagonista, un personaggio centrale e dominante, credo lo si possa senza sforzo riconoscere in donna Teresa Uzeda di Francalanza: un personaggio che non c'è, un personaggio paradossalmente presente per assenza, un personaggio dal cui funerale prende avvio il racconto e il cui testamento – volontà economica che assume l'inevitabilità e l'assolutezza del destino – contiene *in nuce* il romanzo, la storia.

Il libro – 669 pagine nell'edizione originale: Galli, Milano, 1894 – si svolge tra due documenti: un testamento e un comizio. Due documenti sapientemente ricostruiti: della sapienza, intendo, e del romanziere e dello storico. Il primo contiene il tema della feudalità storica e della feudalità familiare; il secondo quello in cui le due feudalità si nascondono, si interrano, trovano un corso segreto: la mistificazione risorgimentale, il trasformismo e il conformismo, la demagogia, le false e alienanti mete patriottiche e coloniali, il mutar tutto affinché nulla muti, che il sistema democratico – nuova forma di antica egemonia – offre alla classe feudale. Non è dubbio, dunque, che *I vicerè* sia il prodotto di una delusione, se non addirittura di una disperazione, storica; e che l'ironia ne sia il filo conduttore: un'ironia che nasceva dal confronto e contraddizione tra gli ideali cui si apriva l'Italia appena unificata – o almeno quella parte della nazione in grado e in animo di averne – e la loro effettuale inattuazione e inattuabilità, già evidente negli anni in cui De Roberto imprendeva a scrivere il romanzo ma, per quanto evidente, coperta o dalla volontà di non lasciare cadere le illusioni o da una specie di omertà, piuttosto diffusa nella «letteratura della nuova Italia», che nel fascismo finirà col trovare il suo alveo congeniale. Delusione, quella di De Roberto, sostanzialmente identica, nel mutare degli accidenti, a quella con cui farà i conti Vitaliano Brancati, giusto mezzo secolo dopo; e ironia della stessa natura di quella, appunto, di Brancati – ma da Brancati più goduta e coltivata, più sfaccettata, più deformante.

Dopo *I promessi sposi*, il più grande romanzo che conti la letteratura italiana. Ma chi se ne è accorto, a suo tempo? Chi se ne accorge, oggi? Nelle prospettive che offrono le storie letterarie venute fuori negli ultimi cinquant'anni, De Roberto continua ad occupare il posto che Croce gli ha assegnato: «ingegno prosaico, curioso di psicologia e di sociologia, ma incapace di poetici abbandoni»; e *I vicerè* «un'opera pesante, che non illumina l'intelletto come non fa mai battere il cuore». La definizione di «ingegno prosaico» la si può accettare in pieno e anche con entusiasmo, nell'ordine del discorso che Coleridge fa sulla prosa («sentir fluire ininterrotto il preciso linguaggio della ragione, in una forma costantemente preordinata: la Z già implicita mentre veniva pronunciata l'A: questo deve esser parso divino ...»), tanto la letteratura italiana, la società italiana, è povera di ingegni prosaici. E in quanto alla «curiosità» per la psicologia e la sociologia, alle quali senza il permesso di Croce va aggiunta la storia, non arriverà magari al risultato di far battere il cuore, ma altro che se illumina l'intelletto! L'illumina a tal punto che anche dei mali presenti possiamo in quelle pagine trovare rappresentazione e ragione.

Nel 1939, Brancati così concludeva un suo «ricordo di De Roberto»: «Sulla diversità di tono fra le pagine dei *Viceré* o dei *Processi verbali,* e le nostre pagine, tutti sono in grado di giudicare. Lo possiamo anche noi». Ma appena dieci anni dopo avrebbe potuto aggiungere: «Così come tutti sono in grado di giudicare la somiglianza delle sue delusioni alle nostre. E lo possiamo sopratutto noi».

1977

SAVINIO O DELLA CONVERSAZIONE

Nel 1955, quando nella collana einaudiana dei Gettoni incongruentemente apparve *La biblioteca di Babele* di Borges (ma nelle successive edizioni sottratto a quella collana di esordienti e comunque di giovani e più fedelmente intitolato *Finzioni*), di quell'autore appena conosciuto, ma di cui anche da quel solo libro si intravedeva l'intensità e compiutezza, mi colpì e affascinò la somiglianza a Savinio, scrittore da me tra i più amati di quegli anni e anzi, a parte Pirandello, il più amato.

Nella recensione che allora, sul *Raccoglitore* della «Gazzetta di Parma», feci del libro di Borges, ricordo di avere appunto fatto richiamo a Savinio: ma forse con connotazioni alquanto vaghe ed «esterne» (come, per esempio, sul gusto ai due scrittori comune per le citazioni: e che davano il senso fossero apocrife, di fantasia, anche quando erano vere, se pure di non sempre facile verifica). Con gli anni, in più assidue e sempre felici letture e riletture dei loro testi, cercati e raccolti – posso anche ammetterlo – maniacalmente, quella somiglianza mi apparve sempre più dettagliata ed intrinseca; finché non si assommò nella semplice e semplificante constatazione che era in entrambi – a dirla approssimativamente – la pratica ineffabile di un «genere» antico, di antica e segreta discendenza, ma nel discendere, nello svolgersi, assottigliandosi, sfaccettandosi, acquistando rifrazioni, punti di luce, cangianti efflorescenze e venature: *la conversazione*. *Conversazione*, dico, non soltanto nel senso della forma di quelle tante con Borges, di Borges, che sono diventate libri (e tutti, peraltro, di grande attrazione), ma nel senso più vasto ed essenziale per cui la parola, secondo il Tommaseo, «comprende e il convivere e il discorrere insieme di qualsiasi argomento»; quasi sinonimo di società «eletta». E aggiunge che conversazione «chiamavasi ancora la vita del chiostro; e diciamo: conversare con Dio, conversare coi morti ... ».

Le pagine di Savinio e di Borges, anche le più fantastiche, e appunto anzi le più fantastiche, sono *conversazioni*. Fabrizio Clerici, pittore che lungamente frequentò Savinio, in amicizia e in affinità, e su cui Savinio scrisse una pagina che entrambi li definisce nel loro essere stendhaliani e «dilettanti», ad una serie di disegni che evocano il mondo saviniano di miti e di metamorfosi ha dato il titolo che richiama il conversare, la conversazione: *Alle cinque da Savinio*, così cogliendo in essenza quell'affabulazione, quel dilettarsi e divagare, quel convergere di antichi miti, di mitiche memorie, nelle «mete minime e inapparenti» del presente, che sono in tutte le cose di Savinio, che vi si dica di un viaggio o di un libro, di una pittura o di uno spettacolo, di un personaggio o di un fatto di cronaca. Savinio conversa sempre; e dialoga al di là della forma dialogica. E questo accade perché Savinio, come Stendhal e come Borges, è uno scrittore *che ha scelto i suoi lettori*. Rara, rarissima specie di scrittori: e non inganni, in contrario, la diffusione e l'apparente popolarità delle opere di Stendhal e di Borges: anche loro continuano, tra i tanti, a scegliere i loro lettori, a trasceglierli come se nelle loro pagine fossero i «test» per un'ardua, rigorosa, esclusiva selezione: ad ammetterli a quella conversazione, ad eleggerli – come dice Savinio – a compagni leggeri, ad Arieli di un mondo in cui tutto è al tempo stesso semplice e misterioso, evidente e segreto, «superficiale» e profondo.

Questa rara peculiarità di scegliere i propri lettori (che, ovviamente, corrisponde al respingerne tanti altri), di considerarli altri se stesso, di ammetterli alla conversazione come ad un gioco di specchi, è spiegazione dell'esistenza dello stendhalismo, del riconoscersi stendhaliani, dell'essere stendhaliani, di cui Savinio definisce la consistenza nella pagina appunto dedicata a Fabrizio Clerici. «Stendhaliani si nasce, non si diventa ...»: ma poiché le nascite hanno una loro anagrafe, un prima e un dopo, una genealogia, un appartenere e somigliare, il nascere stendhaliani nel senso che Savinio allo stendhalismo assegna, lo si può anche arretrare a prima di

Stendhal: a Michel de Montaigne, a quel suo scrivere per sé, a quel suo conversare con se stesso e con altri se stesso che sono prodigiosamente i suoi *essais*. Nonché scegliere i propri lettori, Montaigne – come giustamente dice Auerbach – li ha creati. Non esisteva, prima degli *essais*, un tipo di lettore cui gli *essais* potessero destinarsi; così come prima di Stendhal non esisteva di fatto – ma soltanto potenzialmente tra i lettori creati già da Montaigne – il lettore stendhaliano (e ci vorrà infatti quasi mezzo secolo perché se ne registri l'avvento). Ma lungo dovrebbe essere il discorso per arrivare all'origine di un tal conversare, alla sua sorgente sempre viva e vivificante: l'antica Grecia, l'antico mondo greco. La cui presenza – misura del vivere, assenza di ogni fanatismo, sogno, vagheggiamento, ragione e fantasia, memoria, Memoria – s'intravede costante nel discorrere di Borges, nel discorrere di Savinio, nel loro conversare. Dirà Borges: «Quando Platone inventa il dialogo, è come se egli si ramificasse in diverse persone, tra esse anche Gorgia, non soltanto Socrate. Il suo pensiero si ramifica, sono prese in considerazione le diverse opinioni possibili, si procede insomma a sostituire dogma e preghiere. Si pensa per temi, si abbandona l'interiezione». E dopo più di due millenni, nell'uomo che è Borges, nello scrittore che è Borges: «io non possiedo certezze, neppure quella dell'incertezza». Così senza certezze, per ipotesi, per congetture, avventurandosi nella memoria, nella Memoria (la maiuscola distingue la memoria individuale da quella storica e collettiva, dalla «grande memo-

40

ria» della specie umana), attenti alle coincidenze e rispondenze, agli imprevedibili richiami e alle improvvise trasparenze, scrittori come Borges e Savinio conversano coi lettori che si sono scelti.

Questa premessa, che può apparire estravagante e non sufficientemente motivata (si può anzi riconoscere che lo è), serve, credo, a definire un po' meglio quella che Praz considerava l'*eccentricità* di Savinio. E preliminarmente: Savinio è scrittore eccentrico, ma non soltanto, come vuole Praz, nella letteratura italiana, tra quegli scrittori «letti da pochi, gustati forse da alcuni come momentanei *lusus naturae*, considerati alla stregua di avventizi, d'irregolari, fuori dei quadri dell'esercito di linea degli autori facilmente classificabili»; non soltanto tra quegli scrittori, insomma, che finiscono «cacciati in qualche nota a piè di pagina» nelle storie letterarie.

Savinio è scrittore – si è tentato di dire – di ben altra eccentricità. Se condivide la sorte di altri irregolari – la sorte di essere letto da pochi, da pochissimi amato – è per ragioni che hanno poco a che vedere col «gusto», cioè con quella variabilità di apprezzamento di cui son segnati certi scrittori da un'epoca all'altra, da questo o da quell'altro lettore (che sono i casi, nella letteratura italiana, di scrittori come Daniello Bartoli e Lorenzo Magalotti). La conversazione di Savinio, per quanto possa sembrare divagante, capricciosa e magari contraddittoria a chi immediatamente vi si accosta, è una visione della vita, un sistema

– che rifiuta ogni sistema – di leggere il mondo, di capirlo e di trarne (nell'intelligenza di decifrarlo anche nei segreti minimi, i segni per troppa familiarità e quotidianità quasi invisibili, gli avvertimenti anche banali) ogni possibile felicità. La felicità dell'intelligenza. E il suo dire «non riesco ad essere infelice», di cui testimoniano la moglie e Valentino Bompiani (testimonianze che convalidano quel che i suoi lettori che direi «veri» sentono), si può anche intendere come un «non riesco a non essere intelligente»: e da ciò il vagheggiamento della stupidità come dell'altra faccia del vivere che gli è preclusa.

Della «felicità» di Savinio gli scritti in *Tra guerra e dopoguerra* dispiegano un vasto e vario orizzonte. Sono, pubblicati tra il '43 e il '52, articoli di terza pagina, saggi, prefazioni, risposte a qualcuna di quelle inchieste che nel dopoguerra, a riflessione sull'immediato passato e per ansietà dell'avvenire, i giornali promuovevano. Effimere a volte le occasioni, ma di durevole significato quel che Savinio era capace di intramarvi. E fanno libro: il libro di una lunga, vivace, ricca, imprevedibile conversazione. Non si è voluto perciò in nessun modo raggrupparli, dividerli, distinguere (suggestiva distinzione leopardiana) le narrazioni dalle descrizioni, le fantasie dalle riflessioni, soltanto ordinandoli nella successione in cui sono stati allora pubblicati. E sembra prodigioso che Savinio abbia in quegli anni scritto tanto, considerando le tante altre cose pubblicate allora o che postume si vanno pubblicando.

Pur convinto che la politica espelle l'uomo intelligente come corpo estraneo – e figuriamoci quanto estraneo si sentisse al fascismo! – Savinio ebbe gli anni suoi più operosi, più fervidi, dalla fine del fascismo al 1952. Sembrava allora, ai suoi non molti ma fedeli lettori, che si disperdesse troppo a scrivere sui giornali: stava invece scrivendo, e proprio scrivendo sui giornali, libri come *Scatola sonora*, *Il signor Dido*, la *Nuova enciclopedia*. E come questo: *Tra guerra e dopoguerra*.

1989

PER UN RITRATTO
DELLO SCRITTORE DA GIOVANE

Aspiro, per quando sia morto, a una lode:
che in nessuna mia pagina è fatta propaganda per un sentimento abietto o malva-
gio.

G.A. BORGESE

Tra il 1870 e il 1930, in casa Borgese, e specialmente da parte di Giovanni, zio di Giuseppe Antonio, tutto che fosse scrittura – autografa o a
stampa – trovava ordinata conservazione; e in modo particolarmente accurato, con note di me-
morizzazione o esplicative, le lettere di Giuseppe
Antonio e i suoi articoli pubblicati su giornali e
riviste.

Ma queste carte, che insieme avrebbero costituito un « fondo » importante in una qualsiasi biblioteca pubblica italiana o straniera, dalla vec-
chia casa dei Borgese a Polizzi Generosa (casa che
qualche anno fa abbiamo visto chiusa e abbando-
nata, votata a sicura rovina se non le capita il peggio di una demolizione per dar luogo a un qualche mostruoso condominio) sono migrate disor-
dinatamente, forse in tempi diversi e sicuramente
in piccoli lotti, verso il mercato del vecchio; e in
questo, relegate tra le cose più inutili e irrisorie,

quelle che un rigattiere darebbe via anche gratis, ma per un po' le tiene nella speranza che l'occhio di un avventore vi si accenda di curiosità o di interesse, solo in parte sono state scoperte e salvate da persone di nostra conoscenza. Può darsi che altre ne siano state salvate che non sappiamo: ma è gracile speranza. E può dare idea della disordinata dispersione il fatto che un paio di volumi in cui erano rilegati giornali e riviste (tutti con annotazioni a penna del padre e dello zio di Giuseppe Antonio) sono stati trovati al mercato delle pulci di Palermo quest'anno; e un pacchetto di lettere, qualche anno fa, in provincia di Ragusa. E, fortunatamente, da persone che ben sapevano di Giuseppe Antonio Borgese – e a noi amiche. Le lettere, anzi, dal dottor Giuseppe Traina, notaio a Vittoria, mi sono state affidate; e gliene sono assai grato.

Dall'ordine che hanno queste lettere ritrovate – divise per anno e alcune con note del destinatario – si può immaginare l'ordine in cui era tenuto il piccolo archivio familiare. Ed evidentemente tenevano, i Borgese, a conservare le lettere che tra di loro si scrivevano assiduamente, per una sorta di dolce mania più che per necessità: quasi a celebrarvi il culto della famiglia, di una famiglia « diversa » in quel remoto paese di montagna, e come a prepararvi l'avvento di colui che l'avrebbe resa più illustre. Era una famiglia che in ogni senso « si coltivava »: professionalmente e per diletto; e nel diletto, oltre che la lettura di libri e riviste, era compreso un interesse alle arti figurative forse suscitato dalle cose locali, ancora oggi a Polizzi notevoli. E « si coltivava » anche nello scrivere lettere, scrivendosi lunghe e minuziose lettere non appena, per poco tempo e minima distanza, qualcuno di loro si allontanasse dal paese. Vero è che tempi e distanze avevano allora più ingenti misure, che ad andare da Polizzi a Palermo ci voleva un'intera giornata: ma si scrivevano anche andando a Collesano, che è vicinissimo paese.

La prima lettera di Giuseppe Antonio è su un foglietto di quaderno scolastico: un quaderno di prima elementare; ché non sappiamo se ancora, ma allora c'erano quaderni con diverso tipo di rigatura per ogni classe delle elementari. Scritta con grande incertezza e fatica, con mutevole inclinazione, senza maiuscole, la lettera dice: « zio giovanni, io sono peppino, e desidero venire a palermo per istudiare saluto la zia momò e lo zio luigi bacio lei essono suo nipote peppino borgese ». La firma appare più sicura: evidentemente una mano adulta guidò la sua nel tracciarla.

È una lettera in cui par di leggere un destino (cosa del tutto ovvia poiché lo conosciamo), e sopratutto in quel rivelarsi e affermarsi attraverso il fatto nuovo della scrittura: « io sono peppino », Peppino che ora sa scrivere, che tu non sapevi che ora sa scrivere. Una specie di « scrivo, dunque sono », di seconda nascita nella scrittura. Ma – lo riconosciamo – è una nostra forzatura. Più esplicito, a dire di una vocazione che guiderà una vita intera, è il desiderio di andare a Palermo « per istudiare ».

46

Per studiare, per frequentare una scuola oltre le elementari, da Polizzi bisognava allora trasferirsi a Palermo. C'erano scuole medie, e crediamo anche un liceo, nella più vicina Termini Imerese: ma era una vicinanza relativa, da non consentire nemmeno il ritorno domenicale a Polizzi; e tanto valeva, dunque, allungare di un paio d'ore il viaggio per Palermo: la capitale, la città che aveva scuole d'ogni tipo ed era sede d'Università.

Da studente, Giuseppe Antonio scrive lunghe lettere allo zio Giovanni. Raccogliendo in un fascicoletto quelle del 1894, lo zio annota che « sono interessanti per l'affetto che addimostrano, per le notizie familiari che danno e, più di tutto, perché addimostrano la precocità letteraria e filosofica di Peppino e fanno presagire i suoi progressi. Peppino aveva allora 12 anni non compiuti ».

In un chiaro e fitto corsivo, nella prima – del 17 giugno – Giuseppe Antonio (così ormai si firma, e raramente gli avviene di firmare «Peppino») racconta le sue giornate di Palermo: si sveglia tra le cinque e mezzo e le sei, corre a lavarsi sopratutto per snebbiarsi gli occhi, ripassa le lezioni della giornata, si affaccia un po' al balcone «a contemplare il limpido cielo, quando è limpido, come dice il Manzoni», fa colazione. Alle nove meno un quarto esce per andare a scuola, ne torna alle due. Mangia «qualcosa» e si mette a fare i compiti. Quando li finisce, sarebbero le più belle ore della giornata: quelle della lettura. Ma «m'è tolto il più gran piacere, quello di leggere...

Talvolta tento di prendere un libro, l'ho già nelle mani, sto per aprirlo, ma allora penso di dover ubbidire allo zio Luigi, e lo poso, sebbene a malincuore, con rassegnazione. E allora che fare? M'è impossibile ora di giocare, m'è proibito il leggere e lo scrivere, e, non sapendo far altro, mi resto a sedere senza far nulla, cosa che m'è più penosa assai di un supplizio. In quanto agli occhi, tutti dicono che sia stanchezza, e io inclino a creder questo, poiché vedo le cose minutissime, e distinguo un colore dall'altro. Il difficile poi è mettermi a guardare una qualsivoglia cosa lungamente o il tenere alzati gli occhi in luoghi illuminati dal sole. "Cosa che passa presto!" dicono lo zio Luigi e Anna, e io "Speriamolo!". Ma, a dire il vero, anch'io credo che sia stanchezza. Leggevo troppo! E ora niente!».

A Palermo, stava in casa dello zio Luigi. Come ancora oggi, le famiglie inurbate, specialmente quelle provenienti da paesi dell'interno, tenevano relazione di visite e di conviti soltanto con altre provenienti dallo stesso paese e di uguale condizione sociale. Il palermitano tendeva a emarginare il «regnicolo» o il «regnicolo» da sé si emarginava: e «regnicolo» – con disprezzo che spesso trovava specificazione nell'aggiunta di «piedi incretati», piedi che ancora portavano attaccata la gleba della campagna – era chiunque non fosse palermitano e venisse da un qualsiasi altro paese del regno, e magari da una città come Catania. Pregiudizio oggi scomparso grazie alla quantità prevalente di «regnicoli» nei pubblici uffici: ma ne resta traccia nei comportamenti, nelle abitudi-

zio °giovanni,
io sono peppino e desidera
ro venire a paler
mo per istudiare
sabeto farijalmomo
e lo mio luigi
bacio lei ermoso
nipote
peppino borgese.

La prima lettera allo zio Giovanni.

ni, in una certa reciproca diffidenza che a volte arriva al disprezzo.

In casa dello zio Luigi erano frequenti le visite di polizzani inurbati: e Giuseppe Antonio ne fa puntuale cronaca allo zio Giovanni. « L'altro ieri sera vennero a far visita allo zio Luigi le signorine Chiarchiaro e padre Carlo, poi la signora e il signor Fariello, e infine i coniugi Borgese e il signor Carrelli ... »: e sarà per quel nome pirandelliano – Chiarchiaro – ma si ha l'impressione che in casa dello zio Luigi siano entrati dei personaggi in cerca d'autore: e così ogni volta che Giuseppe Antonio riferisce di visite ed elenca i nomi dei visitatori. « Vennero Salvatore Borgese e sua moglie, la signorina Mariannina e suo fratello, e finalmente Leonardo Borgese e l'avvocato Mazzullo »: e questi la sera in cui, con un pranzo particolarmente ricco, i familiari avevano festeggiato il compleanno dello zio Luigi. Appena finito il pranzo. « Pasta al burro, galletti abbraciati con guarnimento di patate, uova fritte, insalata, albicocche, nespole e domestici, e finalmente la cassata. Non c'è male, eh? ». Non c'era male; ma è un menù che ha bisogno di qualche spiegazione. La pasta col burro, per cominciare: che può sembrare ben povera cosa, considerando la varietà e ricchezza di condimenti che la cucina siciliana devolve alla pasta. Ma il burro, fino agli anni della mia infanzia, a parte la preziosità che gli conferiva il prezzo, e forse per questa ragione, era considerato cosa di sapore ineffabile e per sopraffini palati. Lo zio di un mio amico – di un paese vicino a Polizzi –, a dire della spregiudicatezza dei suoi gusti e della libertà del suo pensare, usava come conclusiva questa frase: «C'è meglio del burro? E a me non piace». In quanto ai galletti «abbraciati» si tratta, evidentemente, di galletti cotti alla brace; mentre risulterà del tutto oscura, a un non siciliano, la parola «domestici»: che sono un tipo di carciofi che hanno più lunga stagione degli altri, e di più dolce sapore: ma è da credere che in quei giorni di giugno fossero stati portati a Palermo da Polizzi, dove – paese di montagna – più lunga era la loro stagione. Una incongruenza possono poi sembrare le uova fritte: ma non c'era pranzo di una qualche solennità, nelle famiglie siciliane, in cui le uova – fritte «ad occhio» o amalgamate col formaggio in frittata o sode – non entrassero: come un di più, come un qualcosa che servisse a sottolineare l'abbondanza, addirittura lo spreco, con cui il pranzo era stato preparato. Nell'alimentazione dei siciliani che potevano permetterselo (i poveri quelle delle loro galline le vendevano, e soltanto in caso di malattia ne mangiavano qualcuno), le uova erano considerate di suprema sostanziosità. Mai «le uova», anzi: ché da due in su si credeva che, per troppa sostanza, facessero male: «l'uovo». Riguardo alla cassata, è da dire che era arrivata di sorpresa: i ragazzi avevano dato incarico a don Onofrio (che par di capire fosse una di quelle persone devote e fedeli che dal servizio ascendevano a far quasi parte della famiglia) di comprare dieci pasticcini, che sarebbero stati il loro regalo allo zio; ma don Onofrio disse di essersene dimenticato. «Quasi ci arrabbiammo, e gli dicemmo di andare a comprarli ». Don Onofrio disse di sì, ma al tempo stesso tirando fuori la cassata: che era un dono suo.

Queste lettere del giovane Borgese sono per noi (il lettore lo avrà già capito) non solo un cogliere uno scrittore assai amato negli anni che di solito restano i meno conosciuti, i più oscuri (e sono invece quelli decisivi), ma anche una ricerca del tempo perduto, del nostro tempo perduto. Tra il 1894, in cui Borgese aveva dodici anni, e il 1932, in cui ne avevamo dodici noi, nel modo di vita, nelle abitudini, nei comportamenti, nei desideri e negli appagamenti, lo scarto era minimo. La Palermo che io per la prima volta ho visto appunto nel 1932, era la Palermo che Borgese vedeva nel 1894: in tutto tranne che per le automobili; ma che non erano poi di tanto più numerose delle carrozze, nel 1932. Bellissima città; ma come avvolta in un'aura di frittura, che ad uno che venisse da altre parti del « regno » dava conferma della malafama dei palermitani in quanto gente dedita al mangiar forte; ma da rimpiangere oggi, quell'odore, avvolti come si è, camminando per Palermo, da quello in cui la macerazione delle immondizie si fonde all'ossido di carbonio. Ma l'odore di frittura stingeva andando per via Libertà, cedeva a quello dei gelsomini. E dei gelsomini i ragazzini facevano conocchie, che vendevano serpeggiando svelti e furtivi, a che i camerieri non li cacciassero, tra i tavolini all'aperto dei caffè.

Nelle sere d'estate, i Borgese compravano due

soldi di ghiaccio. « Per noi quattro » dice Giuseppe Antonio « tanto è sufficiente ». Negli anni della mia infanzia e adolescenza si comprava ancora il ghiaccio, nei giorni dell'estate; solo che di soldi, perché fosse sufficiente a quattro persone, ce ne volevano sei. Ma era ancora, immutata, una vita fatta di poche cose, e come conclusa e perfetta in esse, appagata, sicura. E so bene che questa è l'illusione di ogni uomo che ha ormai lungo il corso della memoria e breve, brevissimo, quello della vita che gli resta. Alla fine del secolo XVIII il marchese di Villabianca lascerà cadere nel suo diario un « affé mia, più sicuri corsero i passati tempi »; e Pasolini non vecchio, ma nel presentimento in lui sempre urgente della morte, dirà che l'Italia della sua infanzia, della sua adolescenza, era un paese felice. Ma c'è nella vita di oggi, per noi, un qualcosa di più, e di più vero, del ricorrente, eterno rimpianto e compianto che ogni generazione, sul punto di tramontare, rivolge al passato. È difficile oggi, da un uomo che come me ha superato i sessant'anni, sentir dire « oh se avessi vent'anni! »: che prima continuamente si coglieva. Nessuno vuol tornare oggi ad avere vent'anni. E forse anche coloro che li hanno non li vorrebbero, ne sentono il disagio, quasi la disperazione.

La cassata di don Onofrio li aveva fatti restare – dice – « alluccati »: allocchiti, stupefatti. Raramente gli avviene, in queste lettere, di usare parole ed espressioni dialettali: e ogni volta, si sente, come vincendo una ritrosia, come cedendo a un ghiribizzo. E così, nella lettera di tre giorni dopo, chiamerà «scassuni» la carrozza che lo porta a Monreale: scassata, traballante; tanto che se ne è sentito male e non ha voluto prenderla al ritorno. Ma una bellissima gita, guidata da don Onofrio e in numerosa e allegra compagnia. Il Duomo. Il Chiostro dei benedettini. Non sa ancora, Borgese, che l'occhio del suo Goethe su queste cose era corso senza meraviglia, senza intelligenza, senza un momento di attenzione (e anche su questo poggia il nostro dubitare della «universalità» della mente di Goethe). «Nel Duomo si celebravano le quarant'ore. Entrammo, quando già la messa cantata era incominciata. A dire il vero, io non badai alla funzione, ma rimasi estatico a guardare la chiesa. C'è in mosaico tutta la storia sacra, a cominciare dalla Creazione, sino alla crocifissione di N.S.G.C.». Non badò alla funzione. «La miglior cosa, per mezzo della quale si ottiene la felicità, è la credulità, la fede. A noi tutti di famiglia manca, se si eccettua la zia Pulcheria, ed è difficilissimo acquistarla».

Siamo alla fine di giugno. Le scuole sono ancora aperte, ma il caldo svoglia dallo studio. Nel «rapportino» dei voti conseguiti in giugno c'è un 10 in italiano, un 9 in latino, un 7 in componimento, un 9 in aritmetica, un 9 in geografia, un 8 in francese, un $9^1/_2$ in contegno, un 10 in cortesia. «Non mi piacciono» dice «que' 9 in latino e in geografia; a ogni modo compensa questo diminuimento l'accrescimento di un punto in arimmetica e d'un altro in francese, e poi c'è un mezzo punto di più in contegno». Il contegno, la cortesia. E il vestito alla marinara, insopportabile con quel caldo: ma non si poteva smetterlo, soltanto si poteva alleggerirsi della «flanella», della maglietta.

L'ultima lettera dell'anno scolastico, sempre allo zio Giovanni, è del 5 luglio: lunghissima. Giuseppe Antonio parla della scuola, della sua pietà per gli animali, della vite in terrazza che è salita fino alle tegole, delle susine e dei fichi che cominciano a maturare. È sicuro, scrivendo in fretta, che lo zio troverà tanti errori (e infatti ci sono). L'altro zio, Luigi, aggiunge una postilla: «Ti mando la presente lettera di Peppinello che non ho letto perché a guardarla soltanto mi stanca la vista». Ed è vero. Ci sono poi, da Polizzi, altre lettere. Da quella che scrive il 15 settembre (certo ne mancano alcune), ci facciamo idea di quanto lungo e faticoso fosse il viaggio da Palermo a Polizzi: che, abbiamo detto, si poteva fare in una giornata, ma non con gli stessi cavalli o muli. Senza cambiare cavalcatura, e dando alle bestie qualche riposo, ci voleva una giornata solo per arrivare a Campofelice. «Verso le 8 fui a Campofelice, e prima delle 11 a Collesano. Dormii in una locanda appena tre ore, e poi partii con lo zio Vincenzo, con Pepè Rubè e con Antonino Ajosa. Con tutto che avemmo pochissimo sole, soffrimmo un caldo insopportabile, perché ancora c'era lo scirocco. Qui arrivai alle otto e mezzo». Un giorno e una notte di viaggio: ma dice di essere stato «molto felice». E appunto quel che ci impressiona, scorrendo tutte queste sue lettere giovanili, è il suo trarre felicità da tante cose anche minime. Il che sarà accaduto e forse accade ad ognuno: ma non crediamo sia di ognuno l'averne al momento coscienza. Già vi si intravede quel culto della felicità, quel gusto di sfaccettarsela e di godersela, di serbarne lo splendore, che poi lo porterà ad amare quasi assolutamente scrittori come Stendhal e come Tolstoi.

Ed ecco da questa lettera affiorare un cognome, poco diffuso in Sicilia, anzi pochissimo, che sarà titolo di un suo inquieto e inquietante romanzo, tra i più importanti della narrativa italiana di questo secolo (e peggio per chi ancora non l'ha capito): *Rubè*. Filippo Rubè. E del sentimento quasi segreto che circola nelle lettere dei familiari – come di attesa, attento e ansioso nel cogliere i segni della genialità in questo ragazzo di dodici anni che è andato a studiare a Palermo e ha gli occhi stanchi per il troppo leggere – pare di cogliere un preciso riflesso nell'attacco del romanzo: «La vita di Filippo Rubè prima dei trent'anni non era stata apparentemente diversa da quella di tanti giovani provinciali che calano a Roma con una laurea in legge, un baule di legno e alcune lettere di presentazione a deputati e uomini d'affari. Veramente egli aveva portato qualcos'altro del suo, segnatamente una logica da spaccare il capello in quattro, un fuoco oratorio che consumava l'argomentazione avversaria fino all'osso e una certa fiducia d'essere capace di grandi cose, postagli in cuore dal padre; il quale era segretario comunale a Calinni, e, conoscendo bene l'*Eneide* in latino e la vita di Napoleone in francese, giudi-

Peppino

Att Materie	Punti	
	Giugno	Maggio
Italiano	10	10
Latino	9	10
Componimento	7	7
Arimmetica	9	8
Geografia	9	10
Francese	8	7
Contegno	9½	9
Cortesia	10	10

Non mi piacciono que' 9 in latino e in geografia, a ogni modo compensa questo diminuimento l'accrescimento d'un punto in arimmetica e d'un altro in francese, e poi c'è un mezzo punto di più in contegno. Mi cosa ha avuto due punti meno di me e Albanese ti sarò nuovamente il primo in menzione. Giovannino in questo momento le sta scrivendo, il suo rapportino ha fatto molti progressi, e io ne ho provato non so che lui grandissimo piacere, e soddisfazione. Verso le 19 ricevemmo il suo telegramma,

scritto a Solmona, e ne ebbi immenso piacere. L'abbraccia affettuosamente il suo

Giuseppantonio

La lettera allo zio Giovanni con i voti riportati a scuola.

cava che tutti, a cominciare da se medesimo, fossero intrusi in questo mondo fuorché i geni e gli eroi». Il padre; ma forse ancora di più lo zio Giovanni, l'ingegnere Giovanni Borgese.

Passa a Polizzi una bella estate. Gite in campagna, serate coi parenti. L'annata è buona: gli ulivi sono carichi, la vendemmia promette miglior vino di quello dell'anno precedente. Legge l'*Iliade* e l'*Odissea*: e il verso del Monti gli sembra più bello di quello del Pindemonte; e i tragici greci; e la *Gerusalemme*. Due fatti di sangue lo attristano: un giovane è stato ucciso e bruciato, evidentemente per vendetta ed evidentemente da parte di familiari o amici di malviventi che l'anno prima aveva denunciato. Ma nessun arresto. Si era invece costituito l'autore dell'altro fatto di sangue: un «cretino» che credeva gli volessero far sposare, per stregagione, una donna brutta.

I fascicoli delle lettere del '95, '96, '97 e '98 – che certamente c'erano e chi sa non ci siano ancora da qualche parte – mancano. Del 1899 ce n'è una sola: datata da Roma il 23 settembre. Ha preso la licenza liceale e, in una gara «tra il fiore dei licenziati», ha avuto un premio. Ora si gode Roma: gli antichi monumenti, i musei, le iscrizioni e, moderatamente, nella moderazione di una lira e settanta-due lire, la trattoria della Rosetta. Le iscrizioni lo attirano molto, «fonti precipue della storia e della lingua». Gli studi linguistici e filosofici sembra siano, al momento, la sua vocazione: e pur dicendosi disposto, e quasi deciso, a iscriversi in legge, insinua nella lettera che per tali studi non occorre andare in Germania, essendo ormai quella italiana – Gandino, Cocchia, Ramorino, Ascoli sopratutti – un'ottima scuola. Molto probabilmente, l'ostacolo che la famiglia poneva al suo desiderio di iscriversi in lettere era quello della difficoltà economica a mantenerlo in Germania. Ma la verità era che, come in ogni famiglia siciliana e meridionale in genere, si pensava alla laurea in legge come a quella che «apriva tante porte», e non ultima quella della politica; mentre la laurea in lettere ne apriva una sola, e per accedere a una vita piuttosto grama. E su questo punto stava per aprirsi, tra padre e figlio, ma senza netta imposizione da parte del padre e senza decisa rivolta da parte del figlio, un conflitto: che forse la mediazione dello zio Giovanni riuscì ad alleggerire in un compromesso che lasciava a Giuseppe Antonio la libertà di iscriversi in lettere, ma con la promessa che o dopo il primo biennio in lettere o appena conseguita la laurea, si sarebbe iscritto in legge. Il padre accettò il compromesso con una certa amarezza se, dopo un anno, Giuseppe Antonio scrive allo zio: «Il papà mi ha parlato delle sue scontentezze e dei suoi desideri riguardo alla mia professione; scontentezze e desideri che costituiscono da parecchi mesi il principale, quasi l'unico dispiacere dell'anima mia. Ripetere che per ora l'inclinazione alle lettere è viva in me, sarebbe quasi superfluo; ad ogni modo sono disposto, come già le ebbi a dire, a prendere la laurea in legge, sia perché è sempre un passaporto per la vita, sia, e principalmente, per contentar lei e gli altri della famiglia e per provare se potrò, come lei afferma, vincere quest'avversione».

È il 31 luglio del 1900. Nella lettera alle zie, che unisce, Giuseppe Antonio dice della «funesta notizia», arrivata il giorno prima, dell'assassinio di re Umberto. Se ne dice addolorato, considera il dispiacere di tutte le anime buone, immagina l'espressione di dolore in cui si sarà mutata quella sempre sorridente della «bionda regina». Ma chiede anche notizia, alla sorella Marietta, del colore dei suoi due nuovi vestiti: di quello di piqué, di quello di seta. E sembra quasi un'allegoria del secolo che se n'è andato, del secolo che nasce: il re assassinato, le fanciulle in fiore vestite di seta e di piqué.

Tra le cartoline del 1901 (tutte cartoline postali: e avrà scritto anche delle lettere, come dice, ma nel suo bilancio quei centesimi in più che ci volevano per affrancare una lettera evidentemente pesavano), una ce n'è inequivocabilmente datata 30 aprile 1901 ma che certamente è dello stesso giorno dell'anno successivo. Nell'emozione e nell'urgenza di comunicare allo zio una grande notizia e di evitargli una spesa, Giuseppe Antonio ha scritto 1901 invece che 1902. «Le scrivo questa cartolina subito dopo la lettera che le ho inviato ieri unicamente per il caso che lei intenda acquistare la *Francesca da Rimini* di D'Annunzio. In tal caso sarà bene che lei desista dal proposito o, se l'ha già comprata, che la cambi con altri libri, perché altrimenti se ne avrebbero due copie. Oggi, essendomi recato dal D'Annunzio, egli me ne ha regalato una copia con la rilegatura in pergamena (di quelle che costano dodici lire) e con questa dedica autografa: *A G.A. Borgese questo poema che egli ama e difende Gabriele D'Annunzio. Aprile 1902*».

Togliendo questa cartolina dal fascicolo 1901, e rimettendola nell'ordine cronologico che le spetta in quello del 1902, del 1901 ci sono sette cartoline di fittissima scrittura e tutte relative a quel primo anno di vita universitaria a Firenze. A quanto pare, c'è andato con un sussidio, o borsa di studio, del ministero: e studia moltissimo, ma lietamente, ma con felicità, anche per non perdere questo non irrilevante aiuto. Parla del professor Coen, che gli ha dato un tema facile e ampio di storia romana (dall'uccisione di Cesare alla costituzione del triumvirato): «è un professore di un'esigenza straordinaria, ma se non altro è una persona ragionevole». E non tutti i professori lo sono. Qualche amarezza gliela dà il Villari; ma il Rajna e il Mazzoni mostrano di apprezzarlo. Certo, nell'ambiente letterario fiorentino, che è poi quello universitario, cominciano a conoscerlo. Aveva già, a Palermo, pubblicato qualcosa nella rivistina «La scintilla»; e Giuseppe Pitrè gli aveva accettato, per l'*Archivio delle tradizioni popolari*, un lungo saggio che val la pena riprendere, anche se dall'autore stesso non è stato mai ricordato. Della prima puntata di questo saggio riceve le bozze a Firenze, e mentre sta occupandosi di una nuova rivista letteraria: «Medusa».

La rivista è diretta da Alfonso Bertoldi: quarantenne, professore di lettere italiane al liceo Galilei, autore, tra l'altro, di una esemplare antologia delle prose minori del Manzoni (ancora oggi esemplare) quattro anni prima pubblicata nella sansoniana Biblioteca scolastica di classici italiani diretta dal Carducci, di cui era stato scolaro. Tra i fondatori della rivista era, crediamo, il più anziano. Aveva trent'anni Augusto Novelli, al cui impegno finanziario pare si dovesse la rivista; tutti gli altri – Aliotta, Bandini, Calò, Galante, Maffi – erano ancora studenti o appena laureati. Borgese, che nella redazione aveva il compito di occuparsi di letteratura inglese e di recensire i libri di poesia, stava per compiere i vent'anni. Conosceva il francese, il tedesco e l'inglese; e benissimo l'inglese, al punto di poter tradurre facilmente e celermente interi libri. E di libri – del tutto superato quel male agli occhi di cui per qualche mese aveva sofferto – ne aveva letto e ne leggeva tanti, tanti: che sarebbero stati anche troppi per una mente meno ordinata, meno sicura, meno lucida e affilata della sua. Aveva prodigiosa memoria, rapida ed esatta intuizione, capacità di svolgere l'intuizione, con felice coerenza, nel ragionamento, nell'analisi. Scriveva poesie: ma la sua vera e profonda vocazione era quella di « rifletterla », la poesia, di restituirla in discorso e giudizio. « Se si dovesse ricercare » scrisse Cecchi: ma all'indomani della morte di Borgese, ché da vivo tutt'altro che riconoscimenti simili riscosse, « quante idee critiche, su autori nostrani e stranieri, sono in circolazione, che Borgese enunciò per la prima volta, ce ne sarebbe del lavoro da fare, e proficuo».

Il 1902 è dunque l'anno di «Medusa». Nelle tante lettere e cartoline di quell'anno, Giuseppe Antonio ne parla moltissimo: e lo zio, su quelle notizie, si è provato a fare una specie di regesto, di storia di quel primo anno di vita della rivista. Ed è anche l'anno in cui l'infatuazione dannunziana di Borgese sembra tocchi il punto più alto. E qui bisognerebbe fare un lungo discorso su D'Annunzio in rapporto a tre generazioni di italiani: la generazione di Borgese, quella di Brancati, la nostra. Ma lo abbreviamo, il discorso, considerando come tutte e tre le generazioni abbiano dovuto fare – ovviamente con sempre minore intensità – lo stesso sforzo per liberarsene: e minore di quello di Borgese, e grazie appunto a Borgese, lo sforzo di Brancati (anche se d'altra difficoltà per la presenza del fascismo); e minore di quello di Brancati, e grazie anche a Brancati, il nostro. E s'intende che parliamo di tre generazioni d'italiani «colti»: ché più durevole, più effettuale, più complesso è stato l'influsso di D'Annunzio su tre generazioni d'italiani «incolti» (e forse non è ancora spento, se qualche traccia è possibile scorgerla nell'eversione di appena ieri).

Nei primi di febbraio, Giuseppe Antonio mandava allo zio Giovanni il primo numero del settimanale «Medusa». C'era un suo articolo, ma – dice – non ci sarebbe stato nulla di suo nel secondo. Nel terzo, ci sarebbe stata una sua traduzione dal provenzale (un poemetto di Mistral, come apprenderemo poi). Ma nella lettera, stranamente, pochissimo parla della rivista e molto del disagio che ha sentito partecipando a un ballo di carnevale. « Ieri sera Calò e alcuni altri amici mi vollero trascinare a un ballo popolare... Feci un giro di waltzer, e non andò troppo male, ma alla mazurka non mi riuscì mai di mantenere il tempo, sicché pieno di vergogna e di noia me la svignai dopo un'ora appena. Lo zio Lilì farà una smorfiaccia e penserà ai quattrini inutilmente spesi per la scuola di ballo. Ma d'altronde è colpa mia? M'accorgo con dolore che son negato a tutto ciò che dipende dalla destrezza fisica; e la colpa, mi sia concesso di dirlo, non è tutta della natura, né tutta mia. I bambini devono giocare, correre, tirar pietre, esercitarsi, azzuffarsi magari, non marcire a casa e curvarsi precocemente sui libri; io invece nella mia infanzia, se per caso mettevo il muso fuori di porta, ero sempre sottomesso al terrore che tornasse il papà e mi trascinasse a casa per un'orecchia. Certo è una bellissima cosa l'intelligenza, e questa in me è stata coltivata con amore insuperabile; ma se domani sono invitato ad un ballo, debbo negarmi questa, che a vent'anni è una gioja, ovvero debbo rendermi ridicolo; e se sono insultato debbo tacere oppure, siccome questo sarebbe impossibile per il mio carattere, debbo sopportare le beffe e le busse, poiché non ho la forza di reagire. E se vo' al tiro a segno, non raggiungo l'idoneità, perché se, quand'ero bambino, osavo tirare una pietra da San Domenico, c'era da buscarle di santa ragione. E creda pure, son tutte cose che mi amareggiano ».

È uno stato d'animo che ha come causa immediata l'essersi sentito diverso e come reprobo a quel ballo popolare; ma si può senz'altro credere che, in pieno dannunzianesimo, nel culto dell'energia e della forza non disgiunto da quello della mondanità, questo rammarico, questo risentimento, in lui covasse e di tanto in tanto affiorasse. Ed è da ricordare che su questo tema – di una intelligenza coltivata dai familiari con «amore insuperabile» ma destinata alla sconfitta nel gioco della vita – si svolge quel non felice romanzo di Brancati che s'intitola *L'amico del vincitore*: col che vogliamo ancora una volta indicare un rapporto che potremmo dire di successione e continuità tra i due scrittori siciliani. L'educazione ideale e letteraria di Brancati viene senz'alcun dubbio – anche prescindendo da quell'elemento documentario che Brancati inserisce ne *I fascisti invecchiano* – da Borgese. Entrambi sono, in successione, i più veri ed effettuali scrittori liberali di questo secolo: Borgese di fronte al fascismo; Brancati, da un certo punto in poi, di fronte al fascismo e poi di fronte al marxismo; e perciò stanno come in disparte, solitari e quasi dimenticati. E in quanto all'educazione letteraria, crediamo si possa senz'altro affermare che gli scrittori che più contribuirono alla formazione del giovane Brancati – Stendhal, i grandi russi – gli arrivarono dalle appassionate letture che andava facendone Borgese.

Su Gogol' è uno dei primi articoli che Borgese pubblica nella «Medusa». Ma vi pubblica anche, oltre ad articoli critici e a brevi recensioni, poesie, traduzioni, novelle. Di una novella intitolata *Re Cuono* annuncia la pubblicazione: «d'argomento siciliano, anzi polizzano»; e aggiunge: «credo che la base popolare, su cui è fondata, non le sia ignota». Automaticamente, pensiamo a Francesco Lanza, alla sua novella *Re Porco*, ai suoi *Mimi siciliani*; e che Borgese abbia fatto, con quella novella, qualcosa di simile a quel che farà poi Lanza. Polizzi, la Sicilia, non sono soltanto negli odori e nei sapori delle cose che da laggiù gli mandano: i manderini, i «pirittoni», le sfogliatine. E i «pirittoni» sono i grossi cedri, come se ne vedono nel chiostro di San Giovanni degli Eremiti; ed è pure da spiegare che le sfogliate di Polizzi non hanno niente a che fare con quelle napoletane e ormai di tutta Italia: sono delle torte, grandi o piccole, in cui è impasto di cioccolato e formaggio pecorino fresco. E ce ne vuole per rendere non identificabile il sapore del pecorino fresco. (Ma il nome che a questo dolce si dà a Polizzi è semplicemente «sfoglio»).

Quando la novella esce, la sorella Marietta gli muove una critica che Giuseppe Antonio trova ingegnosa. Gli ci vorrebbe troppo tempo per rispondere esaurientemente, e dunque: «Sarò schematico: 1° il D'Annunzio non ha mai fatto novelle di quel genere; le sue sono veriste, crude, taglienti quasi. Lo sa bene anche lei che ne ha lette tante nel "Fanfulla della domenica"; 2° la forma, sì, è un po' dannunziana, ma ogni età ha il suo stile, e a vent'anni non si può essere profondamente originali; 3° la mia novella non è verista ma *poetica*, genere nuovo nel quale persevererò. Quindi i caratteri devono essere idealizzati e non anatomizzati; 4° che Nanna abbia del tipo della novella popolare non mi dispiace, anzi è voluto. In *Re Cuono* lo sfondo leggendario, il fatto umano ed il paesaggio non furono concepiti distintamente, ma compenetrati, fusi e armonizzati. Quando avrò una dozzina di queste novelle, il volume sarà intitolato *Ballate in prosa*».

Come sempre, o quasi, dà risposta a Marietta scrivendo allo zio. Il quale per l'impresa di «Medusa», cui il nipote partecipa anche finanziariamente, ha avuto qualche timore che i fatti vengono confermando. L'apporto finanziario di Augusto Novelli, che sembrava rilevante nel vagheggiamento dell'attivo, lo era assai di meno nel fronteggiare il passivo. I patti erano che l'eventuale deficit sarebbe stato colmato per un terzo dal Novelli e per gli altri due terzi dai sei redattori e dai dieci collaboratori, ma con una quota che non doveva, per ciascuno, superare le due lire. Ma già in una nota delle spese che va dal 18 gennaio al 28 febbraio «Medusa» vi figura per sette lire e cinquanta centesimi. Considerando che in questi quaranta giorni aveva in tutto speso – compreso l'acquisto di un paio di scarpe – centotto lire e ottanta centesimi, le sette lire e cinquanta un po' pesavano. Ma «Medusa» gli è utile: «e se io non fossi perfettamente convinto di questa utilità non ci metterei né il mio tempo, né i suoi quattrini». Suoi: dello zio Giovanni. Ed è vero che tra i collaboratori non hanno ancora né Pascoli né D'Annunzio, ma ci sono già Giuseppe Manni, «uno dei migliori poeti di second'ordine che ci siano oggi in Italia», il Passerini, «dantista conosciutissimo», Luigi Rasi, «alter ego della Duse e uno dei più popolari critici drammatici», Domenico Bianchini, Francesco Foffano, Vittorio Cian...

Si preparava, intanto, il congresso nazionale della «Corda Fratres»: che si sarebbe tenuto a Roma. Giuseppe Antonio sarebbe stato tra i rappresentanti dell'Università di Firenze: e gli ci voleva una redingote e un tubino, poiché non si può portare un cappello a cencio, indossando una redingote. La sola redingote costava sessanta lire.

Ebbe dallo zio autorizzazione alla spesa. Ma il sarto non gli consegnò la redingote in tempo per il congresso di Firenze, che precedeva quello nazionale; però non era più urgente, visto che il congresso non sarebbe stato inaugurato, come previsto, da D'Annunzio («i grandi uomini promettono, ma non si credono obbligati a mantenere»), ma da Guido Mazzoni («la cosa avrà minore solennità»).

Il suo entusiasmo per D'Annunzio non trova limite nemmeno nell'amor proprio, in lui sempre vivo ma senza albagia, con ingenuità piuttosto. È uscita dal Treves un'ode di D'Annunzio («un fascicolo breve, troppo breve per il prezzo di una lira»): «una cosa che veramente fa paura, tanta è la sua bellezza». L'ha subito recensita su «Medusa». E confessa: «Avevo in questi giorni cominciato una poesia, e l'ho subito interrotta, disperatamente, quando lessi quest'ode mirabile». E poi la *Francesca*: che difende non solo su «Medusa», ma anche nelle lettere ai familiari. Mai detta esplicitamente per l'affezione e la fiducia che ha nei riguardi del nipote, c'è da parte dello zio Giovanni una certa perplessità; e Marietta dichiara una decisa avversione, sopratutto perché si accorge dell'influsso che esercita sul fratello.

Nei primi di maggio, annunciando la pubblicazione, sul numero di «Medusa» appena uscito, di un suo articolo in cui schematicamente propone «una concezione affatto nuova dell'estetica», aggiunge: «In questo numero leggerà anche tre strofe del D'Annunzio; non sono purtroppo né delle più belle né delle più importanti ch'egli abbia scritte. Vero è che, malgrado tutto, hanno pregi straordinari e che, se a prima vista non fanno impressione, ciò si deve alla loro separazione dal più lungo carme di cui fanno parte; ma ad ogni modo egli ci ha anche trattati male, dandoci – cosa che da lungo tempo non faceva – dei versi non interamente casti».

Era un mettere le mani avanti. E infatti lo zio, probabilmente dopo aver letto quelle tre strofe, si domanda e gli domanda se non è il caso di comprare, invece che i libri di D'Annunzio, le prose di Leopardi, Mazzini e Carducci.

Come il farmacista di Pachino nel racconto di Brancati *La singolare avventura di Francesco Maria*, che amava Leopardi ma voleva uno che fosse «più... più...», e trova finalmente D'Annunzio, Giuseppe Antonio approva l'acquisto del Leopardi (ma delle opere complete), del Carducci (anche se ancora da Zanichelli l'opera è in via di completamento), del Mazzini («ma è vergognoso che ancora in Italia non si abbia un'edizione decente e a buon prezzo delle sue opere»); ma torna a consigliare *L'Isotteo* e *La Chimera*, il *Poema paradisiaco* e le *Odi navali*, «che raccolgono quanto di meglio abbia fatto il D'Annunzio in questi ultimi anni». E poi, a casa un'antologia di prose del Leopardi c'è già; e di Carducci qualcosa lui aveva preso qualche giorno prima. Aveva speso in libreria dodici lire e cinquanta centesimi: per Carducci, appunto, e per Voltaire. In quanto a Marietta, ecco finalmente – dopo le tante punzecchiature che ne ha avuto – la lunga lettera che da tempo le promette. «Carissima Marietta, finalmente scrivo. Mi sarò magari fatto aspettare un po' troppo, ma in fin dei conti mantengo le mie promesse. Del resto ci vedremo fra pochissimo tempo, e allora avremo agio di discorrere fino ad annoiarci. Mi ricordo che una delle cose, sulle quali desideravo di risponderti, è ciò che mi dicevi riguardo all'influenza perniciosa che il D'Annunzio può esercitare, anzi esercita addirittura, sulle mie giovani facoltà artistiche. La questione veramente è un po' di lana caprina e potrebbe risolversi con un assioma inconfutabile: l'ingegno artistico o c'è o non c'è; se c'è saprà farsi la sua strada e saprà trovare la sua voce, e se non c'è... non c'è. Ma ci sarebbero ancora molte altre cose da dire: tu dici che il D'Annunzio mi si para davanti, ecc. ecc. Ebbene, ti domando io, c'è mai stato un artista, sia pure grandissimo, che a diciannove o vent'anni ed anche parecchio più in là, non abbia sentito prepotentemente l'influenza d'un poeta dell'età sua, e non l'abbia involontariamente seguito? Dante imitò il Guinicelli, Tasso l'Ariosto, Foscolo l'Alfieri, Leopardi il Monti, Carducci fino a quarant'anni fu a volta a volta lo schiavo del Monti, del Foscolo, dell'Hugo, del Heine... E ti sembrerà una bestemmia, ma io son sicuro di esprimere una verità inconfutabile – questa è non solo una necessità, ma un bene; la vite ha bisogno dell'olmo per ingigantire, e il cervello dell'artista si nutrisce della grandezza dei suoi contemporanei, finché non abbia acquistato una forza e una ricchezza sufficiente per l'assoluta indipendenza. Ma del resto tu esageri. Se tu conoscessi anche mediocremente l'opera dannunziana, non mi accuseresti così vivamente d'un'imitazione che in fin dei conti è solo apparente. Tutta l'influenza che quel poeta esercita su me si restringe alla forma, la quale in verità è troppo bella perché non incateni un artista giovine. Dovrei io evitarla? Ma se in tal modo riesco a conoscer meglio lo spirito della lingua nostra, a possederne le più segrete bellezze, a diventare insomma scrittore nel senso più nobile della parola, non è questo un bene? Quanto al resto, io ti sfido a trovare fra le opere del D'Annunzio una sola novella o una sola poesia che abbia nello svolgimento, nella concezione, nell'andatura una pur lontanissima analogia con la *Vox rerum* o con qualcuna delle tre novelle che ho scritte. Tu aggiungi che il D'A. toglie la visione chiara della vita ecc. ecc. Ma a questo mi contento di risponderti: primo, che l'arte grande non è fotografia o naturalismo o verismo che dir si voglia; secondo, che sarà meglio che tu rimandi un giudizio così reciso al giorno in cui conoscerai meglio i libri del poeta abruzzese. Per ora è preferibile una maggior moderazione. Ti pare, per esempio, onesto attribuire la sua fortuna alla politica con cui ha attratto gli amici e ha disarmato i nemici? E la grandezza del suo genio a che cosa gli è servita? Anzi, se non mi inganno, nessuno ha mai suscitato tante inimicizie, nessuno ha mai avuto tanti denigratori sistematici quanti il D'Annunzio. Egli riesce generalmente tanto poco simpatico che tutti quelli che non hanno mai letto le sue opere le giudicano acerbamente. E per oggi basta. Dirò altre cose a te e allo zio Giovanni nella prossima lettera. Intanto vi bacio tutti caramente».

È una lettera sensata, lucida. E sarebbe il caso di dirla anche «onesta»: qualità che troveremo sempre nella sua opera, nella sua vita.

L'onestà, il problema di mantenervisi, è argomento su cui per tutto quell'anno si intrattiene, poco meno assiduamente che su quello di «Medusa», nelle lettere allo zio. Perché vuol diventare giornalista, «giornalista letterario», e tutti coloro cui lo zio l'ha raccomandato decisamente lo dissuadono da questa professione ormai corrotta. Il Paternò (forse il marchese di San Giuliano, Paternò di cognome), il Lancia di Brolo, il Ciraolo, gli fanno del giornalismo un quadro di fosche tinte; e soltanto il Ciraolo, avvocato che aveva fatto del giornalismo, ne ammette l'utile, ma facendogli presente due difficoltà: «una è l'invidia, la diffidenza, l'esclusivismo dei giornalisti; l'altra è lo strano fenomeno per cui apparentemente non v'è mai in nessun giornale un posto vuoto, sicché non si entra nel giornalismo che per caso». E viene da dire, manzonianamente: così andavano le cose nel 1902...

Per l'educazione e l'esempio familiare, per quel che di sé sente e vuole, Borgese sa che per quanto diffusa la corruzione, per quanto diffuso il servilismo, quale che sia la professione che riuscirà o sarà costretto a intraprendere, dalla corruzione e dal servilismo saprà sempre difendersi. Ne era convinto a vent'anni, ne darà dimostrazione a cinquanta lasciando l'Italia fascista e affrontando, con l'esilio, un faticoso ricominciare. «La perla rimane perla anche nel fango» dice. E l'espressione può anche farci sorridere: ma il sentimento che a vent'anni gliela dettava è stato testimoniato dall'intera sua vita.

Si darà, dunque, al «giornalismo letterario». E su questo proposito si chiude l'annata di corrispondenza con lo zio. Ci sono poi delle cartoline: il 18 luglio da Roma, il 19 da Napoli. Qualche giorno dopo arriva a Polizzi. Si apre, tra Polizzi e Palermo, la lunga vacanza siciliana: aspettata con desiderio e insieme con timore. Il timore – dice – che il padre lo «imbavagliasse». (E da questo punto potremmo abbandonarci alle più corrive considerazioni riguardo ai suoi rapporti col padre: ma ci limitiamo, non volendo essere profondi, corrivamente profondi, a dire che era del tutto normale, in una famiglia siciliana e fino agli anni della nostra infanzia e giovinezza, una rigorosa assenza di confidenza col padre).

C'è ora, tra le lettere ritrovate, un vuoto che va dal 1903 a tutto il 1906. Né sono molte quelle contenute nei fascicoli 1907, 1909, '10, '13. È impensabile che lo zio non le abbia conservate, come è impensabile che il nipote non gliene abbia scritte.

Il 1907 è l'anno della Germania.

Sicuramente ce n'erano tante: ma restano solo quattro lettere. Tutte da Berlino. La prima è del 17 gennaio, l'ultima del 22 dicembre. Abbastanza lunghe perché ci si faccia un'idea della sua vita a Berlino.

Giuseppe Antonio non ha più il problema di quel che fare della sua vita, della professione cui avviarsi. È ormai giornalista; giornalista letterario ma anche, per la sua visione della realtà, per la sua concezione organica e interdipendente delle attività umane, anche di quelle apparentemente disarticolate e tra loro lontane, giornalista politico. Questa visione «unitaria» della realtà, timidamente enunciata nel 1902 e assommata nel motto «nel molteplice l'uno», sarà di tutta la sua vita.

«Sto bene di nuovo» scrive nella prima lettera «e ho quasi perfettamente organizzato la mia vita. Lavoro una media di sette ore al giorno; la metà è dedicata allo studio della politica tedesca, nella quale, se continuo così, tra qualche mese sarò perfettamente erudito; l'altra metà a me stesso. Finalmente ho messo mano a due carissime cose, cui pensavo disperatamente da un anno e più: un libro di pensiero e un libro d'arte. Lavoro metodicamente, e non scrivo più di tre pagine al giorno, dell'uno e dell'altro. Mi ci vorranno un sei mesi; ma sono così pieno d'idee e di fede che mi pare – terminati questi due libri – di non aver più altro a fare in vita mia. Che la fortuna mi assista e mi aiuti a portarli a compimento. Perché le dirò che talvolta mi pare così inverosimile questa vita perfettamente consona ai miei ideali – vita di studio, di libri, di solitudine, di tranquillità, di modestissima agiatezza – così inverosimile, dicevo, che mi pare qualche volta non debba durare». Da questa apprensione, direbbe Brancati (e così a noi pare), è riconoscibile il siciliano: che anche nei momenti in cui può esser felice trova motivo di infelicità almeno nella paura che quella felicità debba finire.

Per la Berlino che «contava» aveva avuto lettere di presentazione della signora Corcos e di Carlo Placci (e Carlo Placci, a sua volta, «contava» in tutta Europa). Consegna la prima, aggiungendo la sua carta di visita, alla portineria di casa Mendelssohn. «Dopo quattro giorni ebbi un invito cortese, e domenica all'una fui a colezione. È una casa dove si respira l'aria di un centinaio di milioni, ma anche molta bonomia, almeno quanta è conciliabile con tanta ricchezza. La signora Mendelssohn è una fiorentina, Giulietta Gordigiani, figlia di un pittore non ricco e nemmeno grande. Ebbe la fortuna di piacere – sebbene non bella – al più ricco banchiere tedesco ed emigrò a Berlino, dopo un *flirt* con D'Annunzio immortalato nel *Fuoco* (ivi è chiamata Donatella Arvale). Sembra che canti come una sirena e che suoni il piano come Liszt; suo marito è nipote del famoso compositore Mendelssohn. Ciò spiegherebbe il romanzo. Io non l'ho ancora sentita cantare, ma certo è una donna estremamente intelligente. La colezione era molto *mêlée*: oltre di me erano invitati: un principe russo di professione filosofo, un principe tedesco di professione... principe, il corrispondente berlinese del "Matin", la grande attrice francese Suzanne Desprès e suo marito Lugne-Poe venuti a Berlino per un corso di recite. S'è parlato molto in italiano, perché quattro dei sette commensali conoscevano perfettamente l'italiano, moltissimo in francese, un po' in tedesco perché il principe tedesco sapeva poco il francese. Ciò è estremamente faticoso, ma molto utile. L'insieme un po' troppo cerimonioso e inglesemente rigido. Ma credo che mi farò un cantuccio. Le dirò ingenuamente che ho avuto anche molto piacere a bere vino e a mangiare uva fresca ed arance. Ciò non mi capita molto spesso quassù».

Il «cantuccio» in casa Mendelssohn lo ebbe. «Domenica sera fui a pranzo in casa Mendelssohn, e sono già invitato anche per la prossima domenica. Come l'altra volta c'erano una dozzina tra uomini e signore; fui presentato a tutti, ma chi capisce i cognomi tedeschi, se non li vede chiaramente scritti e magari stampati? Solo ho capito che fra i commensali c'era Hauptmann con la sua signora e il più gran violinista della Germania, il vecchio Joachim, che alla fine del pranzo ha suonato del Beethoven come solo Dio potrebbe suonarlo». E aggiunge: «Le emozioni musicali sono le più violente che si provino qui», raccontando di aver assistito a una rappresentazione del *Tristano* che, al terzo atto, l'ha fatto piangere: «senza vergogna, come un fanciullo». «Il *Tristano* è la cosa più grande che abbiano fatto gli uomini dopo la *Divina Commedia*».

I suoi articoli dalla Germania hanno successo, da riviste e giornali riceve inviti a collaborare. L'offerta di venticinque lire per ogni articolo, del «Nuovo Giornale», non gli pare adeguata: del resto, già qualche anno prima, al giovane Ugo Ojetti un articolo lo pagavano cento lire. Ma, pur scrivendo tanti articoli, continua a lavorare per sé: a quel libro di pensiero in cui ristabilirà «alcuni dei canoni della critica classica» e contraddirà «rispettosamente ma senza requie l'estetica di Croce» (e anche il contraddire Croce sarà nella sua vita pensiero dominante: fino ad arrivare a quel capitolo di *Golia* in cui, pur accordandogli delle attenuanti e riconoscendogli qualche merito antifascista, giudicherà coerente l'adesione di Gentile al fascismo e incoerente l'avversione di Croce. Giudizio che può apparire di estrema malizia, ma è del tutto fondato e sensato).

Ma al ritorno in Italia la sua frequentazione di casa Croce è piuttosto assidua. Viaggia molto per l'Italia, a momenti non sa dare recapito preciso nemmeno ai familiari. Ai giornali, invece, da un certo punto in poi non vuol darne: e precisamente dal punto in cui, trovandosi ad essere il primo e solo giornalista ad arrivare nella Messina di-

77

strutta dal terremoto, aveva mandato al «Mattino» di Napoli un articolo che fece clamore. E a Messina, all'alba della notte in cui era stata distrutta, era arrivato per caso, per errore, per distrazione. La sera prima, a Napoli, si era imbarcato sul piroscafo che andava a Messina nella convinzione che fosse quello per Palermo: una distrazione forse dovuta all'esaurimento nervoso di cui, per troppo lavoro e per troppa inquietudine, soffriva.

Voleva fare del «giornalismo letterario»; ma faceva anche del giornalismo politico e ora, per la fatalità che lo aveva sospinto a Messina invece che a Palermo, gli si chiedeva un giornalismo di «faits divers». Frassati, direttore della «Stampa», era entusiasta di quel suo articolo da Messina «e dolentissimo, quasi disperato» che non fosse rimasto a Messina per scriverne altri: «una serie di articoli, che mi avrebbero messo alla testa del giornalismo italiano, che avrebbero aumentato di 10.000 copie la tiratura della "Stampa"». «Era talmente eccitato ed implorava con tanto ardore che, malgrado la mia stanchezza, il mio esaurimento nervoso, il mio bisogno di tranquillità, mi ha persuaso a ritornare a Messina. Partii da Torino la sera del 10, fui a Napoli ieri alle 15, e a Napoli aspetto il permesso del Ministero per proseguire. Forse domani sarò a Messina, dove resterò una settimana circa. Al ritorno, sia pure di passaggio, conto di venire a farvi una visita. Ma come sono stanco e seccato!». È il 13 gennaio 1909.

Un mese dopo, di ritorno dalla Sicilia, è di nuovo a Napoli. «Oggi ho già visto le persone che

78

m'importava di vedere nella redazione del "Mattino", mi resta da vedere l'amministratore che deve pagarmi alcuni pochi articoli. Devo anche vedere Croce e l'editore Ricciardi, presso il quale giacciono i miei versi da pubblicare. In questo momento ho finito le bozze per Bocca, e gliele spedisco ... ». Le bozze di stampa che rimandava a Bocca erano quelle de *La nuova Germania*. Le poesie sarebbero state pubblicate, in edizione fuori commercio, l'anno dopo: Ricciardi stava, intanto, per fare uscire il saggio su D'Annunzio, che nei primi di luglio del 1909 era già in libreria. Giuseppe Antonio ne parla allo zio in una lettera da Torino, la sola scritta a macchina, tra tante. « Carissimo zio Giovanni, mi dica se trova antipatico che io le scriva a macchina: tornerei immediatamente alla penna. Quanto a me, trovo comoda la macchina non solo per l'incredibile risparmio di tempo che le debbo, ma penso che dovrebbe anche piacere a chi riceve le lettere poterle leggere senza stento e senza fatica d'interpretazione. Capisco però che, sentimentalmente parlando, possa riuscire odiosa. Ha ricevuto un fascio di articoli che le spedii raccomandati? altri articoli che via via le ho spedito? una copia del libro su D'Annunzio? l'ha letto? che ne pensa? Vorrei anche conoscere l'opinione di Marietta e di Vannuzzo. L'articolo che le ho spedito oggi è la prima recensione comparsa su questo nuovo libro, che è piaciuto immensamente a Croce e che è certo quanto di meglio io abbia finora scritto. Il volume di versi uscirà in settembre. Il matrimonio non è ancora compiuto. Aspetto una carta da Polizzi; appena questa sarà arrivata, sarà l'affare di tre o quattro giorni. Ho già scritto allo zio Paolo per sollecitare. Per le pubblicazioni mi furono testimoni Bocca e Frassati, ed agli stessi mi rivolgerò, se non saranno già partiti in villeggiatura, per il matrimonio. Conto verso la metà del mese di andare in montagna, e ho già scelto il posto: Fiéry d'Ayas, un villaggetto della val d'Aosta a circa 1900 metri sul livello del mare, di cui mi dicono mirabilia, ma non so se potrò andare. Qui fa ancora quasi freddo, e, se continua così, si andrebbe in montagna ad imbacuccarcisi di lana ed a tapparsi in casa. In ogni caso non andrei a riposare, cosa di cui avrei urgente bisogno; ma il mio contratto non mi dà diritto a riposo durante i mesi d'estate, cosicché dovrò aspettare fino ad ottobre. Come vanno i suoi occhi e la salute di Momò? e gli esami di Vannuzzo? e la traduzione di *Assunta Spina*? Sono da un gran pezzo senza notizie di nessun genere, e ne ho gran desiderio. Io sono molto contento, perché il papà mi ha scritto, dandomi a nome suo e della mamà la benedizione per il mio prossimo matrimonio. Vorrei anche, con quanto desiderio!, una lettera sua, che mi aiutasse ad uscire da questa solitudine morale che mi affligge, mentre per il resto tutto mi va discretamente bene. Frassati è contento di me; i miei libri vanno abbastanza bene, e la critica, se mi procura feroci odii nelle piccole camorrette letterarie, mi esalta per la purità di mente e di coscienza con cui compio il mio dovere. Marietta ha un po' di torto a proposito di De Maria. Io non posso dire che quell'uomo è un grande poeta, mentre vale pochino pochino. Tutt'al più, giacché il nome di De Maria non è ancora di tale importanza che sia necessario ad ogni costo dire la verità, posso tacere, ed è quello che faccio per ora. Del resto sono buffa gente i letterati italiani: il De Maria ha osato scrivere una cartolina (diretta a mia moglie!) nella quale contemporaneamente prometteva un articolo elogiativo sui versi di mia moglie, e chiedeva a me un articolo sui suoi. O per chi m'ha preso, quel signore? ».

Noi abbiamo conosciuto Federico De Maria nel 1953, in occasione di un convegno sulla narrativa siciliana in cui un illustre critico, parlando di Borgese, disse che aveva creduto, Borgese, di aprire una strada: e non era invece che una pietra su quella strada. A quest'affermazione, luce brillò nel monocolo di Federico De Maria. Era presente anche Maria Borgese, Marietta: che di quel giudizio sull'opera del fratello si addolorò, ma continuava a credere che De Maria fosse un grande poeta e che il fratello avesse commesso l'errore di non riconoscerne il genio, per come lei più volte (lo vediamo dalle lettere) lo aveva sollecitato. Del resto, tutta Palermo ne riconosceva il genio e ne amava la figura: tra rapisardiana e dannunziana, così come chi non ha senso della poesia immagina debba essere un poeta. Noi conoscevamo già – inevitabilmente – i suoi versi. Ma pare che il meglio di sé lo desse nel preparare una caponata: che pochi avevano avuto il privilegio di gustare, mentre non c'era siciliano che avesse superato le elementari che non si fosse imbattuto nei suoi versi. (E ci siamo soffermati su De Maria pour cause: a dire come nella Sicilia di allora – e forse anche di oggi – non ci fosse posto per uno come Borgese, che già difficoltosamente lo trovava in Italia. Sempre più difficoltosamente, anzi: fino a scomparirne).

L'attività di critico che Borgese svolge fin dall'anno di «Medusa» è intensa e continua; e sta per diventare prestigiosa. Già nel 1910 pubblica un primo volume di articoli critici e ne ha pronto un secondo. Nel 1913 questa prima raccolta sarà completa: i tre volumi de *La vita e il libro* editi da Bocca e poi ristampati, nel 1923, dallo Zanichelli (e sarebbe di molta utilità ristamparli oggi). Ma a misura del prestigio che va guadagnandosi, crescono contro di lui le insofferenze, le avversioni, gli odi: e non soltanto da parte delle «piccole camorrette letterarie». Comincia ad adombrarsene anche Croce. Ed è appunto del 1910 il loro primo screzio, dal Croce provocato. Ecco come Borgese lo racconta allo zio, in una lettera da Monaco del 16 settembre. «Carissimo zio Giovanni, quello che faccio qui? Lavoro per il corso dell'anno prossimo. Parlerò della rivoluzione letteraria in Germania e della giovinezza di Goethe (molto, dunque, del *Werther*). Poiché bisogna condire quel che io penso con un po' di erudizione, è necessario sfogliare moltissimi libri e leggerne molti. Libri tedeschi nelle biblioteche italiane se ne trovano pochi, e ciò rende indispensabile un viaggio annuale in Germania. Ho scelto Monaco perché è la più vicina, ed ha una biblioteca ricchissima. Passo circa cinque ore al giorno in biblioteca, lavoro altre cinque ore, ora per il corso ora per gli articoli, in casa. Volevo anche avvicinar gente per rimettermi nell'uso pratico del tedesco, ma se si fa una cosa non si può far l'altra. E così ho dovuto rinunziarci. E conduco una vita indicibilmente solitaria, nella quale pronunzio sì e no venti parole al giorno. Quanto a Croce, s'intende che ciò che le ho detto deve restare strettamente fra noi. Io gli sono ancora in debito di una lettera, e procurerò di rispondergli con fermezza ma con rispetto, in modo che l'amicizia, se può essere salvata, sia salvata. La storia è lunghissima, e gliela racconterò a Palermo esponendole i documenti. Ma, in breve, si riduce a questo. Croce è seccato perché si dice troppo bene di me. Pare impossibile che i grandi uomini siano capaci di così meschine gelosie! Non sapendo più resistere, scrisse e pubblicò in luglio un articolo nel quale parlava, in genere, con sarcasmo di quelli che vogliono *superare* i maestri. Parecchi mi scrissero dicendomi che in quell'articolo si voleva parlare di me. Scrissi a Croce protestando affettuosamente e chiedendogli se era vero. Egli mi rispose affettuosamente, ma confermandomi che, in parte, aveva voluto alludere a me. Gli scrissi una lunghissima lettera, dimostrandogli che io non avevo mai avuto sentimenti così meschini e che, se i miei ammiratori dicono che io, come critico, valgo più di lui, non bisogna attribuire a me ciò che dicono gli altri. Mi ha risposto con una lettera impacciata, in cui, pur fra le proteste di affetto, insiste malamente nell'accusa, e mi promette di parlar male del mio *Carducci*.

Noti che dei miei libri che gli son piaciuti, e principalmente del *D'Annunzio*, non ha parlato mai in pubblico. Siamo a questo punto. Il proverbio siciliano che cita Marietta non vale per i letterati: in arte, per ogni gradino che si sale, si perdono dieci amici. Ma, quanto a Croce, mi dispiace non perché possa venirmene danno (a questo non credo) ma perché gli volevo e gli voglio molto bene, ed anch'egli me ne ha voluto moltissimo ed anche ora lotta fra la sua incomprensibile smania di predominio e una persistente tenerezza per me. Vedremo come andrà a finire ».

E – lo sappiamo – andò a finir male.

Queste notazioni, alquanto disarticolate e, per così dire, occasionali (e mi riferisco all'occasione che due anni fa, a Comiso, in casa dell'amico Gesualdo Bufalino, mi ha portato queste lettere giovanili di Borgese), dovrebbero esser parte – avrebbero dovuto esser parte – di tutto un discorso su Borgese che da anni vado dentro di me svolgendo. Ma so, ormai, che non avrò più il tempo di scriverlo, assediato come mi sento da altre occasioni, da altre suggestioni, da altre meditazioni e fantasie, da altri doveri. C'è un punto nella vita in cui le seduzioni della realtà, della memoria, dei libri, si moltiplicano, diventan tante; in cui si vorrebbe dir tutto di quel che alla mente si affaccia di non ancora detto (che, si capisce, già è stato detto), di nuovo (che, si capisce, è già antico); ed è il punto stesso in cui sentiamo che *non abbiamo più tempo*. E mi piace chiudere questi appunti, questo schizzo per un «ritratto dello scrittore da giovane», con queste due citazioni, sempre dalle lettere che mi sono state affidate. La prima è di una lettera allo zio del 29 novembre 1910. Parla del figlio Leonardo, bambino: «Leonardo è educato all'antica, secondo il *Suo* sistema, che io potevo – ed era troppo umano – disapprovare quando vi ero soggetto, ma che d'allora in poi ho sempre più intimamente capito e di cui ormai sono fierissimo ammiratore». La seconda è di una lettera a Marietta, del 20 gennaio 1912. Ha appena superato dei momenti difficili: malattie dei familiari, problemi economici, difficoltà di sistemazione. Ma «ora, come sai, siamo tranquilli. Sono di quelle esperienze che, quando non finiscono catastroficamente, c'invecchiano utilmente. Si sente la paternità più profondamente; si matura quella concezione serenamente pessimistica della vita, senza la quale non si è che avventurieri». E sono, queste ultime, grandi parole: per chi sappia intenderle.

1985

UNA MANSFIELD SICILIANA

Di Maria Messina, nata a Palermo il 14 marzo di un anno intorno al 1880 (non si usava dare, nelle rassegne e negli almanacchi, l'età delle scrittrici; e del resto nemmeno D'Annunzio, ad un certo punto della vita, volle dare la sua), non si trova traccia nelle storie letterarie del Novecento. Non ce ne meravigliamo: la dimenticanza – o, se si vuole, più poeticamente, l'oblio – spesso s'insinua e dilaga come edera rampicante a coprire certe aree e certi nomi della nostra storia civile e letteraria. Ci meraviglia, piuttosto, che nell'attuale urgenza delle rivendicazioni femminili e femministe, nell'attenzione alle scrittrici del passato e nel tentativo di costruire, principalmente attraverso la loro opera, una rappresentazione della condizione femminile nel mondo, in Italia e particolarmente nel meridione d'Italia, i non pochi suoi libri e il suo nome stesso siano rimasti del tutto ignorati. Né credo sia difficile, nonostante l'oblio delle storie letterarie, imbattersi nel suo nome o in qualche suo libro. Basta, per esempio, sfogliare il terzo volume de *La vita e il libro* di Giuseppe Antonio Borgese o, dello stesso, il *Tempo di edificare*, per trovare notizia e giudizio su tre dei suoi libri: solo che l'oblio, nonché Maria Messina, incredibilmente copre anche l'opera di Borgese, e specialmente l'opera critica: che è la più assidua, sagace e intelligente critica che si suol dire militante corsa nel nostro paese per circa un trentennio; e prestigiosamente esercitata, in prevalenza, .sul « Corriere della sera ».

Borgese la definì « una scolara di Verga ». Lo era, e specialmente quando oggetto del suo racconto è il mondo contadino, nella scelta della materia, nel taglio, nel calco dialettale, nel fare eco a quella che in Verga ho chiamato « voce narrante »: siciliana, popolare. « Una scolara di Verga »; ma, aggiungeva Borgese, mentre il Verga era giunto a quei risultati attraverso una lunga e dolorosa disciplina, su quei risultati appunto la Messina comodamente lavorava « negandosi la vista di altri orizzonti ». Affermazione che immediatamente appare fondata ma che a un più attento esame – e oggi – si restringe a quei racconti propriamente « rusticani » in cui erompono passioni come la gelosia o in cui i personaggi sono – come Lawrence diceva con irritazione riguardo a *I Malavoglia* – « umilissimamente umili ». E non sono molti, i racconti di questo tipo. Negli altri (i più pubblicati dopo le recensioni di Borgese), è tutt'altro che vero il negarsi della scrittrice ad altri orizzonti: c'è anzi, quantitativamente e in qualità, il preciso disvelarsi di quello stesso orizzonte umano e sociale che inesauribilmente, già da prima, Pirandello veniva cogliendo e consegnava alle *Novelle per un anno* e a romanzi come *L'esclusa*: la piccola e infima borghesia siciliana e, dentro l'angustia e lo spento grigiore di una tal classe, la soffocata e angosciante condizione della donna. Come, appunto, in Pirandello, ma vissuta più dall'interno, con una sensitività più pronta ed accorata. Da far pensare a Cecov più che a Verga; e nel nome di Cecov, vero maestro ad entrambe, alla sua coetanea Katherine Mansfield. Che poi Maria Messina abbia poco conosciuto Cecov, come è presumibile, e per nulla la Mansfield, non ci impedisce di definirla (alla Borgese, ma senza perentorietà) una Mansfield siciliana. Lo stesso Borgese, pur non facendo i nomi di Cecov e della Mansfield, non appena la distacca dalla grande ombra di Verga, scorge in lei un temperamento «tra i più attraenti della nostra letteratura femminile», allora piuttosto folta, e finemente, sottilmente, ne coglie la novità: e nell'ambito della letteratura femminile e relativamente al corso della narrativa siciliana. «La vita siciliana, quale essa la espone, non ha né pompa di paesaggio né drammaticità sanguinaria. È tutta in tono minore. Sono *piccoli gorghi* in un'acqua quasi paludosa, ove silenziosamente scompaiono vite cui manca perfin la forza di gemere ... Ha sentito con novità l'ostinata malinconia della provincia povera, quel tanfo indefinibile da prigione di gente onesta, che da Napoli in su è ignoto anche agli italiani ... Migliaia di piccoli proprietari e di mediocri professionisti hanno l'anima corrosa dal tarlo di una incessante cura economica, e non v'è splendore di sole che valga a illuminare le innumerevoli case ove tutto manca fuorché l'onore, sospettoso ed acre, e la penuria soffoca ogni sentimento fuorché il rassegnato sacrificio e il timore di Dio, e la signorina sfiorisce al telaio, attendendo ...».

Pettini fini è il titolo del primo libro di Maria Messina, credo pubblicato nel 1909 dall'editore palermitano Sandron. Del 1910 è *Piccoli gorghi*, presso lo stesso editore: titolo che si può dare all'intera sua opera novellistica, che si svolge – per quel che sappiamo – fino al 1928.

A conclusione del suo articolo, Borgese intravedeva la possibilità che scrivesse « cose anche più belle, quand'ella si sia alquanto liberata dal metodo narrativo un po' troppo secco e prudente che finora s'è imposto ». Ma non era questione di metodo narrativo: era un limite quasi oggettivo, dato da una sorta di realizzazione del paradosso di Oscar Wilde – « la natura imita l'arte » – nel mondo contadino siciliano. La natura siciliana, i rapporti umani nella campagna siciliana, erano diventati veristi, erano diventati verghiani. Bisognava che la Messina uscisse da quel mondo e che si abbandonasse al suo – piccolo-borghese, impiegatizio, ossessionato dalle apparenze e dal decoro: quello della Girgenti di Pirandello, ma senza quei buchi nel cielo di carta da cui per i personaggi pirandelliani scende l'idea della fuga o la grazia della follia – perché trovasse la sua voce vera. Le era già accaduto in quattro o cinque novelle di *Piccoli gorghi*; le accadde – libera anche dalle cadenze verghiane – ne *Le briciole del destino,* ne *Il guinzaglio,* in certe pagine del romanzo *Alla deriva* che a Borgese parvero reggere a confronto di certe dello *Chéri* di Colette.

Le tre novelle pubblicate in *Casa paterna,* Sellerio, Palermo, 1981, sono tratte due da *Piccoli gorghi* (*Gli ospiti, L'ora che passa*), la terza (*Casa paterna*) da *Le briciole del destino.* Sono state scelte a esempio di quella realtà dimessa e sommessa «cui manca perfin la forza di gemere», di cui Maria Messina sa, con semplicità e con pudore, comunicare lo strazio. Insieme agli altri due racconti sull'emigrazione (*La Merica, Nonna Lidda*) più verghiani nella «dicitura» – che ho presentato nel volume: *Partono i bastimenti,* recentemente pubblicato da Mondadori – spero costituiscano una probante notizia su questa scrittrice finora dimenticata.

1981

LE « INVENZIONI » DI BORGES

Pensate ai racconti del mistero di Edgar Poe, a certi racconti fantastici di Max Beerbohm, a quelli surreali di Savinio; e al loico arabesco di Ortega, e ancora a Savinio per quel gusto della *citazione*, vera o apocrifa, ma in ogni caso, nella funzionalità del giuoco, apocrifa – pensate a una fusione di questi elementi nella personalità di un uomo del nostro tempo ossessionato dalla *storia*: e avrete, con buona approssimazione, l'immagine dello scrittore argentino Jorge Luis Borges.

Borges è scrittore molto noto nei paesi di lingua spagnola e negli Stati Uniti: e forse la notorietà di cui gode negli Stati Uniti ha portato a noi, nella collezione dei Gettoni dell'editore Einaudi, questo suo volume di racconti che nell'edizione originale s'intitola *Ficciones* e in quella italiana *La biblioteca di Babele*. E qui è da osservare che Borges, rivelatosi come saggista di singolare acutezza e *magia* pressapoco negli anni in cui da noi si rivelava il Cecchi di *Pesci rossi,* e solo un po' più tardi come narratore, meritava qualcosa di più di un Gettone. Quella dei Gettoni è una collana sperimentale, arditissima e viva appunto in tal senso, e in tal senso dai lettori seguita: guardando in vetrina il Gettone di Borges il medio lettore non immaginerà certo che si tratta di uno dei più interessanti scrittori d'oggi, già stabilmente quotato tra i valori letterari internazionali.

Il mondo di Borges è, per così dire, un mondo da quarta dimensione. In un volume di saggi pubblicato nel 1953 (*Otras inquisiciones,* Sur, Buenos Aires) c'è una nota sul «sogno di Coleridge» che si può considerare come la chiave del suo mondo. Un giorno d'estate del 1797 Coleridge, indisposto, prende un ipnotico: si addormenta leggendo un passo di Purchas che descrive un palazzo del Kublai Khan. Sogna. «Nel sogno di Coleridge» dice Borges «il testo letto per caso giunse a germogliare e a moltiplicarsi; l'uomo che dormiva intuì una serie di immagini visuali e, simultaneamente, un'altra di parole che le spiegavano; si destò dopo alcune ore con la certezza di aver composto, o che gli fosse stato trasmesso, un poema di circa trecento versi». Ma la storia del frammento di Coleridge è nota; meno noto è il dato che circa quarant'anni dopo, nella prima traduzione occidentale del *Compendio di Storia* di Rascid-el-Din, si leggeva: «Ad est di Shang-tu, Kublai Khan fece erigere un palazzo, secondo un disegno che aveva visto in sogno e che conservava nella memoria». Questa misteriosa ripetizione di un sogno non può non colpire Borges: «Un imperatore

92

mongolo, nel secolo XIII sogna un palazzo e lo edifica secondo la visione; nel secolo XVIII un poeta inglese, che non poteva sapere che questa costruzione era scaturita da un sogno, sogna un poema sopra il palazzo ... Il primo sogno integrò alla realtà un palazzo; il secondo, che si verificò dopo cinque secoli, un poema (o il principio di un poema) ispirato al palazzo; l'affinità dei due sogni lascia intravedere un piano; l'enorme spazio di tempo rivela un esecutore sovrumano ... Tali fatti permettono di congetturare che la serie dei sogni e dei lavori non ha ancora raggiunto la sua fine ... O forse un archetipo ancora non rivelato agli uomini, un oggetto eterno (per usare la nomenclatura di Whitehead) sta penetrando a poco a poco nel mondo: la sua prima manifestazione fu il palazzo, la seconda il poema. Chi li avesse posti a confronto avrebbe visto che essi erano essenzialmente uguali».

Il sogno di Coleridge, materia che la letteratura e la storia offrono alla « inquisicion » di Borges, si configura come una «ficcion», una invenzione: e così le invenzioni, i racconti, appaiono come filologiche e filosofiche indagini, misteriose ricostruzioni di dissepolti frammenti della storia e del pensiero umano. E si capisce benissimo la tendenza di Borges a fare il racconto poliziesco: con una capacità tecnica da disgradare qualsiasi mestierante del genere *giallo*, ma giocando con una materia filologica, di apocrifa filologia, invece che con una materia propriamente criminale.

In questa raccolta che si pubblica oggi in Italia non manca il racconto poliziesco vero e proprio:

La morte e la bussola, per esempio, che ricorda un *giallo* di Crommelynck. Ma al lettore conviene far centro, per questo primo incontro con Borges, sul racconto che s'intitola *Pierre Menard, autore del Chisciotte*: che è una specie di rivelazione fantastica dello storicismo assoluto, la favola di un uomo che riscrive, tale e quale, il *Don Chisciotte*; un *Don Chisciotte* in tutto uguale a quello di Cervantes e in tutto diverso. Ma il lettore faccia da sé una « inquisicion » di questo *straordinario* racconto.

1955

LA VEGLIA DI MANUEL AZAÑA

A parte il commosso *Retrato de un desconocido: vida de Manuel Azaña* di Cipriano de Rivas Cherif, pubblicato in Messico nel 1961, non si può dire che da tutto quello che finora si è scritto sulla guerra civile spagnola la vita la personalità e l'opera dell'ultimo presidente della Repubblica emergano in tutta evidenza e giustizia. Manuel Azaña resta, appunto, un *desconocido*; e soprattutto quando, nel quadro degli avvenimenti di cui è stato tragico protagonista, entra nel discorso degli storici di mestiere; in quel discorso la cui forma apparentemente distaccata, «oggettiva», nasconde, di fronte ad un avvenimento quale la guerra civile che trent'anni fa insanguinava la Spagna, più greve faziosità e malafede che i resoconti le cronache i commenti della pubblicistica di allora. E prendiamo *La guerra civile di Spagna* di Georges-Roux, insignita di un premio intitolato a Thiers dall'Accademia francese, recentemente

95

tradotta in italiano, che si apre con questo bel via-
tico ai lettori – « La guerra civile di Spagna è una
delle più tragiche che la storia ricordi. Spogliata
delle passioni di parte che la oscurano, essa costituisce un terribile dramma umano. Leggerete ora
di questo dramma la nuda cronaca » – e subito cede non solo alla faziosità delle omissioni ma anche a quella, alquanto ridicola, degli interventi in
prima persona.

A merito di Georges-Roux, del suo mestiere, va
però detto che, a differenza di qualche altro storico, ha capito che Manuel Azaña è stata la personalità chiave del dramma spagnolo: solo che a lui
questo dato essenziale serve per caricare Azaña di
quasi tutte le responsabilità e colpe della guerra
civile, quasi che davvero Azaña avesse precipitato
la Spagna nel caos per motivi di personale vanità,
per acredine di letterato fallito. Con serietà, infatti, senza prenderla per quel che vale e per quel
che poteva valere quando fu pronunciata, Georges-Roux muove il suo giudizio su Azaña da una
battuta di Unamuno – « Un autore senza lettori. Capace di fare la rivoluzione perché lo si leg-
ga » – che il lettore è tentato di ritorcere facilmente sull'autore della *Guerra civile di Spagna*
quando, poco più avanti, incredibilmente si im-
batte in un José Antonio Primo de Rivera che dalla lettura del *Giulio Cesare* di Georges-Roux trae la
convinzione, in verità non molto originale, « che
le vicende trascorse sono di grande ammaestra-
mento per l'avvenire »: e quelle di Giulio Cesare
in particolare, poiché « I rivoluzionari più decisi
sono degli aristocratici » (appunto come José An-

tonio); di ritorcerla nel senso che forse per aver trovato in José Antonio un lettore del suo *Giulio Cesare* si è dato a scrivere in un certo modo la storia della guerra civile spagnola. Il quale modo, formale e di metodo, si può compendiare in questa battuta (le battute sono il forte di Georges-Roux: ma se quella su Azaña era di Unamuno, questa è inequivocabilmente sua): «le rivoluzioni sono fatte per sfociare nella dittatura, così come i conigli per essere mangiati in umido»; in cui quel che c'è di scioccamente irritante non è la parte che riguarda le rivoluzioni, ma quella che riguarda i conigli.

Ben diversamente condotta e articolata, su una base di vaste e serie ricerche e in una «forma del discorso» più oggettiva, la *Storia della guerra civile spagnola* di Hugh Thomas non è però nei riguardi di Azaña più giusta e serena di quella di Georges-Roux; rispetto a costui, anzi, Thomas opera come uno spostamento su un piano secondario dell'uomo politico e più destramente, meno scopertamente, rappresenta la negatività umana del personaggio. Non per nulla Georges-Roux, dopo aver classificato Thomas «storico di sinistra», giudica l'opera come la prima che abbia trattato l'argomento con «spirito obbiettivo».

Relativamente ad Azaña, lo «spirito obbiettivo» di Thomas si manifesta o lasciando cadere, come distrattamente, qualche insinuazione o raccattando qualche diffamazione allora sollevata dalla parte fascista; non riuscendo insomma a nascondere una fondamentale insofferenza e antipatia, già fin dal primo capitolo: quando dal resoconto di un drammatico dibattito parlamentare, con uno scarto alquanto gratuito per uno storico, passa ad immaginare la malinconia del presidente: «L'eco di questo minaccioso dibattito raggiunse ogni angolo della Spagna. Giunse al presidente, don Manuel Azaña, l'incarnazione della Repubblica, che dalla lussuosa solitudine del Palazzo nazionale assisteva malinconicamente al crollo di tutte le sue speranze»; in cui è evidente l'ironia di quella «incarnazione della Repubblica» e velenosamente insinuante la giustapposizione della qualità, lussuosa, alla solitudine del presidente; senza dire che già vuol essere giudizio negativo quello su una solitudine che lascia intendere volontaria e che più avanti definirà, oltre che volontaria, arrogante. E non manca, nel terzo capitolo, di raccogliere e dar credito all'accusa di eccentricità sessuale e di riportare un aneddoto che ineffabilmente dichiara «forse apocrifo». E su questa accusa non è il caso di soffermarci se non per notare che altre «incarnazioni della Repubblica» ne furono similmente colpite, quasi che i «mal protesi nervi» fossero caratteristica patologia della Repubblica di fronte alla virilità fascista e alla «morale cattolica» (e ancora oggi, e in Italia, certa pubblicistica fascista voluttuosamente si dedica al giuoco di assumere a simbolo della democrazia, della Repubblica, personalità del mondo culturale e politico toccate dal sospetto di eccentricità sessuale).

Indirettamente viene a confutare la diffamazione questo ritratto di Azaña dell'ambasciatore americano Claude G. Bowers nell'importante libro (cui raramente gli storici attingono, forse per non pregiudicare la loro «obbiettività») in cui racconta, con ammirevole qualità di scrittura, la sua *missione in Spagna*: «Nel suo aspetto nulla giustificava la malignità delle vignette che attribuivano al suo volto una grossolanità inesistente. Le labbra sensuali esistevano soltanto nella fantasia dei disegnatori, giacché, per quanto piene, erano ferme, e la sua bocca aveva un'impronta di energia e di carattere. La sua carnagione, che i detrattori paragonavano addirittura all'argilla, non era certamente florida e alla luce artificiale, nell'aula delle Cortes, pareva anormalmente pallida. Era calvo alla sommità del capo, ma aveva abbondanti capelli grigio ferro. La sua voce era gradevole, cordiale, sincera, virile. A tratti, quando parlava, il suo viso si illuminava stranamente, dando un'impressione di genialità. Aveva occhi acuti, espressivi, mutevoli secondo l'umore; maniere calme, che dimostravano, per affaccendato che fosse, come nulla gli sfuggisse ... Freddo, un po' distaccato, troppo orgoglioso per abbassarsi ai meschini trucchi del demagogo, non era una personalità adatta a guidare le folle. Il suo metodo di ragionamento era analogo a quello dei razionalisti francesi: quantunque fosse spagnolo in tutto, era incapace delle esaltazioni emotive degli spagnoli ... Per violenta che fosse la tempesta intorno a lui, egli restava, all'apparenza, sereno».

E a completare questo ritratto, ecco un giudizio di de Madariaga: «un intellettuale orgoglioso, con qualcosa dell'eremita e una sensibilità delicatissima per i fasti della morale e dell'arte».

Questa «sensibilità delicatissima per i fasti della morale» (lasciando da canto quella per i fasti dell'arte che ci porterebbe a far discorso sull'opera letteraria, che peraltro conosciamo imperfettamente, di Azaña) la troviamo nei discorsi che pronunciò nel corso della sua attività politica e soprattutto nel tragico periodo della presidenza, durante la guerra civile; nelle *Memorie*; ne *La velada en Benicarló, dialogo sobre la guerra de España*.

Pubblicato a Buenos Aires nell'agosto del 1939, sei mesi dopo la definitiva vittoria di Franco e un anno prima che la morte cogliesse Azaña nell'esilio di Montauban, in terra di Francia (Montauban: luogo il cui nome è legato alla leggenda eroica della feudalità sorgente, e come per contrappasso va a morirvi, da vinto, l'uomo che tentò di abbattere l'ultima feudalità europea), questo dialogo sulla guerra di Spagna idealmente apre la ricca sequenza delle opere letterarie suscitate da quell'avvenimento e resta come il documento più alto dello «stato d'animo» di colui che ne è stato il massimo protagonista: all'apice dello Stato, a rappresentarne la legalità, il diritto; e con una forza morale e intellettuale unica più che rara.

Quella che Garosci, nel suo lavoro su *Gli intellettuali e la guerra di Spagna*, chiama la cornice del dialogo, è questa: un viaggio in automobile da Barcellona a Valencia di un medico due ufficiali un ex deputato un'attrice; e poi la sosta notturna in un albergo di Benicarló, a mezza strada, dove già si trovano un ex ministro un avvocato uno scrittore un dirigente socialista un propagandista. Tra questi personaggi nasce il dialogo sui temi politici storici morali esistenziali che la guerra civile drammaticamente propone. Una veglia lucidissima, spietata e dolorosa. E si conclude nella morte: all'alba una squadriglia di aerei scende su Benicarló, e dell'albergo resta un mucchio di macerie da cui si leva un fumo nero. L'ultima veglia del chisciottismo spagnolo: don Miguel de Unamuno, morto qualche mese prima a Salamanca, dall'*altra parte*, l'avrebbe commentata come la terza veglia dell'anima spagnola, dopo quella di Ignazio di Loyola e di don Chisciotte.

In effetti, il viaggio la veglia nell'albergo la fine di quel gruppo di uomini che per tutta la notte ha declinato ragioni e angosce sulla guerra, sono elementi di simbologia drammatica costitutivi del dialogo stesso. Non a caso Azaña, nella premessa, parla della guerra come di un viaggio. E i personaggi, dialogando, non pervengono ad una opposizione drammatica di punti di vista e di giudizi: finiscono anzi con l'essere complementari, nel senso che è dalla somma dei loro punti di vista, dei loro giudizi, che scaturisce *il punto di vista, il giudizio*. L'opposizione drammatica è fuori, nell'irrazionale svolgersi delle cose: per cui il bombardamento che mette fine alla veglia assurge a segno di *distruzione della ragione*. I personaggi che muovono il dialogo sono infatti ragionevoli, partecipano di quella che è per don Manuel Azaña (e per noi) la Ragione. L'esclusione dal dialogo di personaggi portatori delle idee comuniste ed anarchiche è già significativa delle intenzioni di Azaña: ha voluto, in definitiva, dialogare con se stesso, porsi in una specie di giuoco di specchi (anche se, come osserva Garosci, egli soprattutto parla attraverso l'ex ministro Garcés e lo scrittore Morales).

Un razionalista, un moralista, un uomo che la necessità e il dovere di difendere la legittimità e il diritto sente come «una disgrazia irreparabile, pari alla mostruosità dell'attentato»: questo era Manuel Azaña, presidente della Repubblica spagnola, «incarnazione della Repubblica» contro la sollevazione fascista. Che poi razionalismo e moralismo lo ponessero al di fuori del senso politico, drammaticamente sospeso nel dilemma, enunciato da un personaggio de *L'espoir* di Malraux che molto gli somiglia, che non si potesse combattere una guerra come quella tenendo conto dei princìpi morali e nemmeno non tenendone alcun conto, non è del tutto vero sul piano della storia: e basti considerare che il moralismo di Azaña coincise con la visione politica delle cose spagnole che allora ebbe Stalin (a meno che non si voglia negare il senso politico anche a Stalin).

1967

RITRATTO DI ALESSANDRO MANZONI

In un saggio su Verga che doveva essere pubblicato con la sua traduzione del *Mastro-don Gesualdo* (e che Vittorini tradusse nel 1937), David Herbert Lawrence dice: «Sembra curioso che la letteratura italiana moderna abbia fatto così poca impressione in Europa. *I promessi sposi* di Manzoni, quando apparvero cento anni fa, incontrarono subito l'applauso europeo. Con Walter Scott e con Byron, Manzoni rappresentò il romanticismo per tutta l'Europa. Eppure che n'è di Manzoni, adesso, anche a paragone di Scott e di Byron? Praticamente, dico. Teoricamente, *I promessi sposi* è un'opera classica; è considerato come il romanzo italiano classico. Se ne parla in tutti i "corsi di letteratura". Ma chi lo legge? Anche in Italia, chi lo legge? E tuttavia, secondo me, è uno dei migliori e più interessanti romanzi che siano mai stati scritti; senza dubbio più grande di *Ivanhoe* o di *Paul et Virginie* o di *Werther*. Perché dunque non lo si legge?». Curiosamente, nel 1934, Vitaliano Brancati faceva la stessa considerazione. Evidentemente non conosceva il saggio di Lawrence su Verga, né sapeva dell'attenzione fervida che Lawrence dedicava alla letteratura italiana moderna: ché avrebbe riconosciuto questo merito allo scrittore inglese, pur piccato, il giovane Brancati, del successo che in quel momento riscuoteva in Italia *Il purosangue*, romanzo di cui tutta l'Europa poteva sì accorgersi, ma a patto di accorgersi di scrittori come Manzoni, Verga e Tozzi. «Ma chi lo legge? Anche in Italia, chi lo legge?»: la domanda di Lawrence vuole una risposta relativa più alla qualità, al consenso e alla congenialità dei lettori che alla quantità. Pochi in Europa, moltissimi in Italia hanno letto e leggono *I promessi sposi*, gli *Inni Sacri*, il *Cinque maggio*, l'*Adelchi* (e, in questi anni, richiamata dagli angosciosi problemi dell'amministrazione della giustizia, la *Storia della colonna infame*): ma sarebbe da assumere in seria valutazione quel che in Manzoni sembra uno schermirsi in modestia e scherzosamente quando si rivolge ai suoi «venticinque lettori». Non più, è da credere, ne abbia avuti di buoni per ogni generazione.

Il fatto è che la linea di più ingente divisione tra i lettori del Manzoni passa, come diceva Carlo Cattaneo, tra gli increduli e i devoti: ma a tutto rovescio di come si può credere, trattandosi di uno scrittore «devoto», di cattolica devozione: «Gli increduli gli vogliono bene e i devoti gli brucerebbero le chiappe» diceva, alquanto divertito, Carlo Cattaneo nel 1836, acutamente cogliendo dell'opera manzoniana effetti che ancora durano, ma assottigliandosi oggi la categoria degli «increduli» e crescendo quella dei «devoti». Le quali categorie, per il momento in cui Cattaneo le scopriva, si possono così definire: «Stando alla forma della parola *incredulo* non dovrebbe suonare biasimo, inquantoché la credulità non è fede: questa virtù, debolezza quella. Ma l'uso pone gran differenza tra il non credulo e l'incredulo; e dà al secondo un senso prossimo a miscredente»; «Nel senso latino, dicesi *devozione* e *devoto*, quando ciò significa: consacrato quasi in voto; e, per estensione: dedito, grandemente affezionato e sommesso». Così il Tommaseo: che, rispetto ai *Promessi sposi*, è da situare, con tutte le sue inquietudini e contraddizioni, tra i devoti. Ma poiché la credulità non è fede, l'incredulità non si pone come attentato alla fede; alla devozione, piuttosto: in quel che la devozione rappresenta di «grandemente affezionato e sommesso». E insomma: Cattaneo chiama increduli i liberi, gli uomini di libero giudizio sulle cose umane; e devoti i sottomessi al loro voto, ai loro voti; i dediti alla virtù che altra virtù non chiede se non quella della sottomissione. E sembra si possa tagliar corto sostituendo i laici agli increduli e i bigotti ai devoti: ma sarebbe rischiosa approssimazione, specialmente in oggi. I devoti sono ormai devoti anche al Manzoni, bigottamente; né il laicismo è ormai privo di «devozioni».

Il fatto è che l'opera del Manzoni è tra le più ardue, complesse e sottili che la letteratura abbia mai prodotto. Papini diceva che, nel libro che su Manzoni non era stato scritto (1921: ma ancora lo si aspetta), un capitolo bisognava dedicarlo alla « tempra del genio, che mostrasse come il Manzoni sarebbe potuto essere un gran filosofo, un grande economista, un grande storico, un gran filologo e non soltanto un gran poeta e un gran narratore ». E possiamo aggiungere: un gran giurista. Ma è più giusto dire che lo era: filosofo, economista, storico, filologo, giurista: di non occasionale informazione e studio, di profonda e originale speculazione. E queste scienze, una ad una e insieme, possiamo riconoscere nella sicura e ardita tramatura di opere considerate « minori » (giustamente rispetto ai *Promessi sposi*, ingiustamente nella storia della cultura italiana) come la *Storia della colonna infame*, le *Osservazioni sulla morale cattolica*, *La Rivoluzione Francese del 1789 e la Rivoluzione Italiana del 1859*; ma tutte, convergendo e fondendosi nel romanzo, assumono la trasparenza di un cristallo dentro il quale i guazzabugli della storia e i guazzabugli del cuore umano nitidamente si districano e svolgono.

Ma – questo è il punto – si tratta propriamente di un romanzo? Certo, se della parola diamo una definizione « eterna », per quanto è « eterna » la letteratura (un'eternità, cioè, misurata su poco più di un centinaio di generazioni umane passate e, sperabilmente, su altrettante a venire: che a me sembran molte, nella considerazione o che finiscano le generazioni umane o che finisca la letteratura), *I promessi sposi* è un romanzo. Ma se romanzo è quel genere letterario nato col Romanticismo, cosa ha a che fare *I promessi sposi* con quelli che si possono considerare i vertici del genere:

col *Rosso e il nero* e coi *Miserabili,* con *Madame Bovary* e con *Delitto e castigo?* Che ha a che fare anche con *Waverley* e *Guerra e pace,* romanzi «storici»? Il solo romanzo che al romanzo di Manzoni si può accostare, ma secondo la definizione «eterna», a me pare sia il *Don Chisciotte:* libro che, sappiamo, Manzoni considerava un capolavoro e che lesse anche, con grande attenzione, nel testo spagnolo: e ne cavò una lista di parole che nel dialetto milanese sopravvivevano (tra le quali, misteriosamente, la parola «mafia»: che nel *Don Chisciotte* non c'è, e nemmeno si trova nei dizionari del dialetto milanese; e resteremo a chiederci per quale errore questa parola, allora inesistente nello spagnolo e nel milanese, sia affiorata al Manzoni, e con un significato omologo a quello che avrà in tutt'Italia dopo il 1860).

Già nell'agosto del 1822 Manzoni restituiva un Cervantes, presumibilmente una traduzione italiana del *Don Chisciotte:* e, forse per averlo lungamente trattenuto, si scusava col prestatore. E si noti che la prima stesura del romanzo (*Fermo e Lucia*) prende avvio il 24 aprile del 1821, ma è nell'aprile dell'anno successivo che Manzoni vi si concentra. Col che non si vuol dire null'altro che questo: con tutta probabilità Manzoni stava leggendo il *Don Chisciotte* mentre scriveva il *Fermo e Lucia.* Perché, a parte il fatto, già rilevante, che l'idea del romanzo primamente irrompe nella fantasia del Manzoni col presentarsi di un personaggio comico, non è su questa prima stesura, né sulla seconda pubblicata nel 1827, che l'accostamento al *Don Chisciotte* si pone immediato e promettente. Se *I promessi sposi* non fosse arrivato alla terza e definitiva «dicitura», data alle stampe nel 1840, il paragone resterebbe a questo solo elemento, anche se non privo di paragonabili conseguenze: il presentarsi ad entrambi, come *idea del romanzo,* di un personaggio comico. Il *Fermo e Lucia* rimasto manoscritto e pubblicato postumo, *I promessi sposi* dell'edizione 1827 sono romanzi secondo la più determinativa e corriva definizione: romanzo storico alla Walter Scott, più o meno; cioè con qualcosa in più – il corrispondere delle parti al tutto della morale cristiano-evangelica – e qualcosa in meno – l'incertezza e disarticolazione della tecnica narrativa. Che sono tutto sommato, il di più e il di meno, in reciprocità, i due difetti dell'edizione del '27. Ma è da notare che appunto questa edizione riscosse il consenso di lettori come Goethe, Comte, Sainte-Beuve e Giuseppe Gioachino Belli (e di quest'ultimo, la postilla manoscritta su un esemplare del romanzo – «Questo è il primo libro del mondo» – a me pare un raggio rivelatore da muovere sull'opera di entrambi: anche se Manzoni si dichiarava «ammiratore davvero del poeta romanesco, ma con le debite riserve»; e si capisce bene di qual natura fossero). È però nella «dicitura» dell'edizione definitiva, in quella serenità, in quella trasparenza, che il richiamo al *Don Chisciotte* si fa più probante.

È da dire intanto che quel che si è indicato, già nell'edizione del '27, come il corrispondere delle parti al tutto della morale cristiano-evangelica, e che trova ulteriore limpidezza e totalità nell'edizione del '40, fa sì che si possano considerare

I promessi sposi come l'opera letteraria, dopo il *Don Chisciotte*, la più indefettibilmente cristiana che il mondo cristiano abbia prodotto. Ritrovare la morale cristiano-evangelica dentro il cattolicesimo, dentro la temporalità del cattolicesimo, è il senso più lato dei due libri e il loro ardimento: e da ciò l'astratta ammirazione che è stata ed è a loro tributata, l'esser sempre meno letti, il relegarli tra i noiosi. E forse il *Don Chisciotte* non ha mai suscitato l'aperto – o ravvisabile – risentimento dei « devoti »: ma è quel che cova, con qualche diversità, in paesi cattolici come la Spagna e l'Italia: concreta insofferenza sotto la cenere dell'astratta ammirazione. E si capisce che dietro il cristianesimo vissuto come sistema morale e rappresentato in opere di compiuta fantasia, senza scorie teoriche e dottrinarie, ci sono tra Cervantes e Manzoni differenze da tenere in conto. In Cervantes c'è l'orgoglio di aver combattuto a Lepanto, il significato di quella vittoria; e l'incombere dell'Inquisizione. Alle spalle di Manzoni c'è invece l'Illuminismo, la Rivoluzione; e l'Inquisizione fattasi remota, senza ormai « braccio secolare ».

Ma altre affinità possono cautamente scorgersi nei due libri: il loro porsi di fronte al barocco, con un distacco che spesso arriva alla parodia, alla caricatura, ma a volte mimeticamente, e si potrebbe anche dire naturalmente, rivissuto: come in Manzoni il discorso a don Abbondio del cardinal Borromeo; l'invenzione di un manoscritto originario, della storia di don Chisciotte e Sancio e di quella di Renzo e Lucia al quale vien rifatta la « dicitura » ... Invenzione, questa, da non vedere come trovata, come gioco, ma piuttosto come il situarsi in una posizione di distacco, di «superiorità» dell'autore nei confronti del suo narrare stesso, della sua fantasia, dei suoi personaggi. E si potrebbe, questa posizione, definirla con le parole del Manzoni quando, alle ultime battute del libro, nel «lieto fine», dice del pranzo nel palazzotto di don Rodrigo ereditato dal buon marchese: e che il marchese, dopo aver messo a tavola Renzo, Lucia e Agnese, e servendoli anche, andò a pranzare altrove con don Abbondio. «A nessuno verrà, spero, in testa di dire che sarebbe stata cosa più semplice fare addirittura una tavola sola. Ve l'ho dato per un brav'uomo, ma non per un originale, come si direbbe ora; v'ho detto ch'era umile, non già che fosse un portento d'umiltà. N'aveva quanta ne bisognava per mettersi al di sotto di quella buona gente, ma non per istar loro in pari». Ed è questa, mi pare, la peculiarità, forse la più essenziale, dei due libri, dei due romanzi: che gli autori non fanno «una tavola sola» con la loro opera, che ne stanno di fatto al di sopra pur mettendosi al di sotto di quella buona gente: per la precauzione, di solito nei romanzi inosservata, di non «istar loro in pari». Il breve esempio che Manzoni dà di un pregiudizio sociale diventa così apologo di un «pregiudizio» estetico: e credo attendibilmente.

Lasciando ora Cervantes e il suo Cide Hamete Benengeli, autore del manoscritto di cui dice aver rifatto la «dicitura», fermiamoci un momento – come ad un segno della malizia letteraria di Alessandro Manzoni – a quel «dilavato e graffiato autografo» da cui dice di aver tratto la storia degli sposi promessi. Vien data come una finzione, e Manzoni stesso fa in modo che così si creda. Ma non gli è bastato: ha voluto che si dubitasse di quel che ha voluto far credere; o che almeno ne dubitassero i suoi più vicini. All'amico Tommaso Grossi, il 20 aprile del 1823 così scriveva: «Ho preso, non ha guari, una grande e grave risoluzione: voglio scrivere un romanzo. Non avrei mai pensato di divenir romanziere, giacché le mie facoltà intellettuali sono troppo limitate e debili: forse tenterò indarno l'arringo in simil genere di letteratura. Senonché mi venne dato di rinvenire un vecchio autografo dilavato. Lettolo e trovata bella la storia racchiusavi, m'era sorta l'idea di darlo alla luce: ma com'è scorretto! Solecismi e idiotismi lombardi e spagnuoli, goffe declamazioni, sgangherati periodoni: l'autore si mostra infatti un povero secentista educato alla scuola sguaiata di quel secolo. Perciò non era lavoro tale da offrirsi a moderni lettori, i quali non tanto avrebbero in esso encomiata la bellezza dell'argomento, quanto avrebbero criticato l'ineleganza del dettato. Pensai allora di prender dal manoscritto la serie de' fatti, e ripudiando il suo stile, surrogargliene un altro più forbito e moderno. Questo lavoro mi richiede e tempo molto e fatica, ma spero riuscirvi in bene: spero, ma al trar dei conti, che ne risulterà da questa metamorfosi di dicitura?». Sono le stesse cose che dice nell'introduzione al romanzo: ma a ritrovarle nella lettera a un amico, si è attraversati dal dubbio che quel «dilavato e graffiato autografo» possa essere esistito o che ancora esista. La banale domanda – e se Grossi gli avesse chiesto di mostrarglielo, quel manoscritto? – ci sospende nel dubbio. Ma è dubbio di poco momento. Il fatto è che Manzoni, anche di fronte a se stesso, sentiva molto disagio nell'imprendere a scrivere un romanzo secondo il corrente genere: e impiegherà infatti quasi un ventennio a farlo *meno romanzo*. A parte l'usuale sua modestia, è da credere sentisse davvero deboli e limitate, per quella prova, le sue facoltà intellettuali: ma, paradossalmente, nel senso che erano troppo forti. Ed è anche da dire che forse quei difetti che diceva di trovare nel manoscritto un po' li trovava allora nella sua «dicitura»: e li si può cogliere nel *Fermo e Lucia*, e ancora nell'edizione del 1827.

Che le sue facoltà intellettuali fossero «troppo forti» per obbedire al genere romanzo, se ne ha misura nelle altre sue opere e ancora di più, o almeno più immediatamente, nelle liriche. La ricchezza della meditazione, della speculazione manzoniana sull'uomo, sulla storia, sui princìpi morali e giuridici, sulla letteratura è più vasta e di attuale risonanza di quanto si può credere. La forma pacata, e a volte persino dimessa, di certe verità cui arriva toglie loro, nel contesto in cui vengono enunciate, quella forza che invece assumono se le si isola: sicché lavori come quelli del Bertoldi (*Prose minori*, del 1897) o del Papini (*Le più belle pagine*, cui si è fatto riferimento, il primo volume, e pare non c'è stato il secondo) son da considerare di utilissima preparazione alla lettura del Manzoni «maggiore». E si diceva delle liriche: in cui un linguaggio poetico quasi impossibile, impervio di detriti, congestionato, si fa puro e luminoso per la forza intellettuale (sentimento che trova nel pensiero il suo alveo) che lo solleva. E basti pensare al *Cinque maggio* e alla *Pentecoste*: forse le liriche più alte dell'Ottocento italiano (e forse non solo italiano).

Anche a voler credere all'esistenza del « dilavato e graffiato autografo », quel che appare certo è che alla fantasia del Manzoni la prima idea del romanzo si presentò con la figura di un curato di campagna minacciato a che non celebrasse un matrimonio. Un personaggio comico; ma nella sua viltà, nelle sue paure, nella difesa della sua grama tranquillità, di tremendi effetti sulla vita altrui. E del libro non solo è rimasto protagonista ma, nella vicenda che intorno a lui si muove, tra i « vinti » – i vinti dalla passione, i vinti dall'ingiustizia, i vinti dal bisogno; e i vinti dalla peste – è in effetti il solo vincitore. E non in forza del caso, ma di un sistema. Il suo sistema, *il sistema di don Abbondio*. Così intitolato è un aureo saggio di Angelandrea Zottoli pubblicato nel 1933 e mai più ristampato. Zottoli, del gruppo della rassegna « La cultura » che faceva capo a Cesare De Lollis, grande filologo, aveva pubblicato un altro libro su Manzoni: che non è il libro che Papini nel 1921 auspicava, ma è certamente uno dei più acuti. Col *sistema di don Abbondio*, alla cui scoperta si può dire arriva così come il cavaliere Dupin di Poe ritrova la lettera rubata, e cioè facendo astrazione del complicato e fermandosi al semplice, Zottoli trova quel che per troppa evidenza era invisibile:

113

la chiave che apre un libro altrimenti misteriosissimo.

Ma ecco don Abbondio: «figura circospetta e meditativa», dice Zottoli, che si mostra appena Adelchi cade, e da Adelchi avendo appreso che «una feroce forza il mondo possiede» e che «loco a gentile, ad innocente opra non v'è: non resta che far torto o patirlo». Don Abbondio escogita invece un sistema intermedio: che consentiva di esser forti senza stare, personalmente, dalla parte della forza; di ripararsi, sempre personalmente, da ogni torto facendone soltanto qualcuno, di lieve apparenza, che non gli inimicasse la forza.

Il sistema è perfetto. Bisogna vivere come se si fosse morti: senza pensare, senza scegliere, senza decidere. E quando, di fatto, si è costretti a decidere, e per il male, e per il peggio, la coscienza non ne è minimamente toccata: tutto è avvenuto fuori di lei, nella valutazione dei rapporti di forza, per «stato di necessità». E anche Dio è tenuto a farne conto: «Basta: il cielo è in obbligo di aiutarmi, perché non mi ci sono messo io di mio capriccio» pensa don Abbondio. E il cielo davvero lo aiuta, facendogli guadare indenne anche la peste. Sicché, alla fine del romanzo, i «puri di cuore» avranno, dalla Provvidenza, il dono dell'emigrazione e dei figli; e una lezione sui casi della vita che in Lucia, con dolce celia, arriva al dubbio se non sia stato uno sproposito quello suo di voler bene a Renzo e di promettersi a lui. Uno sproposito, infatti, rispetto al sistema, se don Abbondio perviene al trionfo. Da tutti quei casi drammatici e perigliosi sofferti dai promessi sposi, il sistema di don Abbondio è uscito collaudato, temprato, sicuro. Il sospetto che tutta quella «iliade di guai» sia appunto venuta dal suo sistema nemmeno lo sfiora. E perché dovrebbe? Don Rodrigo è morto («lui non c'è più, e noi ci siamo ... si può anche ringraziare il cielo, che ce n'abbia liberati»): il solo inceppo che il sistema avesse mai incontrato. «È stata un gran flagello questa peste; ma è anche stata *una scopa*; ha spazzato via certi soggetti, che, figliuoli miei, non ce ne liberavamo più; verdi, freschi, prosperosi ... Ha proprio fatto uno sproposito Perpetua a morire ora»: quasi che lo sproposito del morire, come quello dell'amore, fosse conseguenza di non avere un sistema, quel sistema.

La Provvidenza, dunque, la Grazia, la fede in Dio: ma non è anche, *I promessi sposi,* oltre che delle cose italiane di ieri, di oggi, un disperato ritratto della condizione umana?

1988

CANDIDO

« *Candide* » diceva Anatole France « è stato buttato giù in tre giorni per l'immortalità ». Ancora ai tempi di France parole come immortalità ed eternità si potevano spendere per le cose di questo mondo – un libro, un'idea, un sentimento; oggi sappiamo che tutto può essere distrutto, e anche il mondo. Comunque, *Candide* è da più di duecento anni che lo si legge: precisamente da quando, nella prima quindicina di gennaio del 1759, sortì dai torchi di Gabriel Cramer, stampatore a Ginevra, in milleduecento esemplari, mille spediti a Parigi, duecento ad Amsterdam. E subito esplosero, dovunque, le contraffazioni. Se ne conoscono, dello stesso anno dell'edizione Cramer, diciassette: talmente ben fatte che riesce difficile, quasi impossibile, distinguere l'edizione originale.

L'arrivo del libro a Parigi subito suscitò l'attenzione della polizia. Furono fatte fruttuose perquisizioni, sicché molti esemplari furono sequestrati e distrutti. E non era passato un mese dalla pubblicazione. A ruota, seguì la condanna del Consiglio di Ginevra alla distruzione. Di fronte a tanta solerzia delle autorità parigine e ginevrine, si può considerare tardiva l'iscrizione all'Indice da parte della Chiesa: tre anni dopo. Ma contraffazioni e traduzioni resero praticamente vane le condanne: e basti considerare che nello stesso anno 1759 usciva la prima traduzione italiana.

Voltaire aveva preso accurate precauzioni a che né l'autore né lo stampatore fossero con certezza identificati. Ma non poteva, né voleva, impedire i sospetti, le attribuzioni. Il frontespizio diceva: *Candide, ou l'optimisme, traduit de l'allemand de Mr le Docteur Ralph*; ma nel marzo 1759 il «Journal encyclopédique» avanzava la giusta attribuzione: «Ce Roman, dont nous ne croyons nullement que l'original Allemand existe, est attribué a M. de V.». Voltaire reagiva con una lettera dettata al suo segretario Wagnière e firmata Démad in cui si dava per certa l'esistenza del dottor Ralph, professore all'Accademia di Francoforte sull'Oder, e si rivelava che esso dottor Ralph era stato in effetti un valido collaboratore del capitano Démad, vero autore di «ce profond ouvrage de Philosophie» che era il *Candide* e fratello dello scrivente: solo che il capitano (del reggimento di Brunswick, si precisava) aveva avuto la modestia, ben rara da parte di un autore, «de ne l'intituler que traduction de Mr Ralph». La lettera fu però pubblicata dal «Journal» tre anni dopo, accompagnata da una nota che giustificava il ritardo con le inutili ricerche per scoprire l'esistenza del capitano Démad. E sembra strano che il direttore del «Journal» si sia dedicato a una ricerca tanto lunga e scrupolosa: non ci voleva molto a capire che la lettera era di Voltaire, tutta giocata com'era tra il nascondersi e il rivelarsi. Ed era gioco che doveva piacergli molto, anche se fatto in condizione di necessità. E arrivò a farlo persino con Cramer, che il libro lo aveva stampato: «Cos'è questo libercolo intitolato *Candide*, che viene spacciato clandestinamente e si dice venga da Lione?»; e qualche tempo dopo: «Sono finalmente riuscito a leggere *Candide*, piacevolezza di singolare gusto ma per nulla adatta al paese in cui viviamo». E non c'è dubbio che queste lettere fossero predisposte a costituire, nell'eventualità di una perquisizione, un alibi per sé e per lo stampatore: ma vi si intravede il divertimento.

Scritto in tre giorni, dunque, e destinato all'immortalità. In quanto all'immortalità, possiamo esser sicuri dei due secoli e un quarto che sono passati da quando è apparso, che ha superato il climaterio che Stendhal assegnava alle opere comiche (il che può voler dire che *Candide* non è propriamente un'opera comica), che lo si legge oggi con lo stesso diletto e forse con più acuta riflessione di come allora fu letto. E possiamo anche azzardare la previsione che quanto più il mondo diventerà irragionevole (e in questo senso velocemente corre) tanto più i ragionevoli, con amaro diletto, vi si rifugeranno. Ma quel che merita più discorso è il fatto – o la leggenda – che sia stato scritto in tre giorni. Per come Voltaire lavorava (cinquantadue volumi di scritti nell'edizione di Ginevra del 1770-1781: e non c'è tutto), è senz'altro possibile. E del resto quella battuta di Whistler al committente che trovava esoso il prezzo di un quadro che gli aveva visto dipingere in un'ora – « in un'ora e trent'anni » – si può facilmente devolvere ai tre giorni di *Candide* come ai sessanta della *Chartreuse de Parme* (una volta, dipingendo in pochi minuti un quadretto, Mino Maccari mi disse: « Vede com'è facile? Basta saperlo fare »). Ma anche se in un tempo più lungo, il racconto dà l'impressione di essere stato scritto, per così dire, senza levare la penna dai fogli, con una continuità e rapidità da stato di grazia. Vi trascorre un'allegria, una felicità, una gioiosa sollecitazione al fare, per cui Gide lo mette tra i pochissimi libri che consiglia come « mezzi di allettamento e di eccitamento al lavoro »: e basta, dice, leggerne poche righe, ma devotamente. E questa è la grande, affascinante contraddizione di *Candide*: che un libro scritto a fondare il pessimismo e a irridere l'ottimismo scorre effettualmente a infondere ottimismo. E almeno in questo senso: che un mondo in cui c'è stato un uomo che ha scritto *Candide* e in cui ancora ci sono uomini che con uguale spirito lo leggono, è davvero il migliore dei mondi possibili.

« Un caos d'idee chiare » diceva Émile Faguet dell'opera di Voltaire. E lo è, in piccolo volume, anche *Candide*. Si può anche dar ragione a Gide, quando annota: «Scrive il *Candide* per divertirsi; e, divertendosi, diverte. Ma si sente pure che vuole provare qualcosa e non si sa bene che cosa, né con chi ce l'abbia. Per mostrare che l'uomo è infinitamente infelice su questa terra, non occorre tanto spirito. Anche la religione ce lo insegna. Voltaire lo sa bene, e ogni tanto ciò gli dà noia». Gli si può dare ragione fino a questo punto della nota (dell'11 febbraio 1934), e non del tutto: poiché la religione ci dice dell'infelicità dell'uomo su questa terra, ma gravemente e grevemente, senza spirito, senza allegria. Che non è differenza da poco: e non è dunque sprecato il tanto spirito di *Candide*. Ma ha decisamente torto, Gide, quando dice che se Voltaire «tornasse oggi tra noi, sarebbe indispettito di aver trionfato così poco di tante cose, che egli attaccava male e che aveva torto di attaccare; e di aver fatto il gioco di molti sciocchi». Sarebbe sì indispettito di aver trionfato – purtroppo, hélas, ahinoi! – così poco (e contro il molto di Rousseau, in definitiva), ma che abbia attaccato quel che non si doveva, che l'abbia attaccato male, che abbia fatto il gioco di molti sciocchi, è tutt'altro che vero. E non passeranno infatti due anni: e Gide pubblicherà il *Retour de l'Urss* (1936). Voltaire aveva fatto anche il suo gioco.

Caos, dunque; ma di idee chiare. Di una chiarezza che è un tutt'uno, naturalmente, con la prosa che le svolge. «La migliore prosa della lingua francese e forse del mondo» dice Borges.

Dal 1759 ad oggi, molte sono state le traduzioni in italiano del *Candide*. Tra quelle che conosco, Bacchelli e Montano credo abbiano dato le migliori: ma con più cura, nella misura in cui ne ha vissuto le difficoltà, Bacchelli (almeno mi pare). Due scrittori « rondisti »: e non è un caso che proprio due scrittori della « Ronda », la rivista che coltivò l'ideale di una tersa prosa italiana, si siano provati a tradurre – con tutte le difficoltà che comporta il versare da una lingua in altra testi miracolosamente chiari, semplici, secchi, rapidi – « la migliore prosa della lingua francese e forse del mondo ». E confidandone a Bacchelli la traduzione, Giuseppe Antonio Borgese è da credere però non pensasse soltanto al prosatore « rondista », ma anche al mondo del narratore, alla sua concezione della storia come al suo gusto per la favola. Puntava, insomma, su una più interna e profonda congenialità. Perché se sulle traduzioni in genere nulla di più vero è stato detto di quella battuta di Cervantes, che la traduzione di un'opera letteraria è come il rovescio di un arazzo (o di un ricamo), Borgese voleva non che l'arazzo venisse semplicemente rovesciato, ma che nettamente ridisegnato e vivificato trovasse acquisizione nella cultura, nella storia letteraria del paese che lo importava. E possiamo attenuare questa brutta espressione aggiungendo: cui importava. Le traduzioni del Monti, del Foscolo, del Berchet erano pietra di paragone di un tale intendimento. E pienamente vi rispose Bacchelli, nella coscienza (come dichiarava in una nota alla traduzione di Voltaire) che il tradurre « importa una responsabilità intellettuale » ed è « un esperimento critico, atto ad acuire nei riguardi dell'autore tradotto la sensibilità stilistica, e vogliam dire la suscettibilità, anche fino all'insofferenza ».

1983

UN PIRANDELLISMO INTROVERTITO

Un grande giornalista, di un grande giornale europeo, mi raccontò anni addietro di una curiosa intervista che, agli inizi della carriera, fece a un famoso generale cinese. Intervista forse mai pubblicata o, se pubblicata, nella forma di divertente «scacco professionale» con cui me l'ha raccontata.

Del mondo cinese, sempre «difficile» per un europeo e allora, per di più, particolarmente inquieto e di incerto destino, il giornalista credeva di avere una certa esperienza: per cui quel che il generale diceva gli sembrava attendibile confidenza, intelligente analisi, veridica intenzione. Annotava, annotava, in cuor suo gioiendo di quell'intervista che ai lettori del suo giornale sarebbe apparsa straordinaria, addirittura unica. Tutto quel che il generale diceva era preciso, razionalmente concatenato, verosimile, vero. Ma finita l'intervista, chiuso il taccuino zeppo di appunti, il generale lo congedò con queste parole: «Le do un consiglio: non creda mai a un cinese»; e così sottilmente sorridendo e così maliziosamente guardandolo da fargli capire che appunto alludeva alle straordinarie cose che gli aveva poco prima confidato.

Questo aneddoto mi si configura come una specie di apologo, di chiave di lettura, per l'opera di Bufalino, per ogni suo libro, per ogni suo saggio articolo o aforisma. «Non credete mai a uno scrittore». Esortazione che sembra però contraddirsi in quest'altra: «Credete sempre nella letteratura». Ma non si contraddice. Quel che Bufalino intende (anche se esplicitamente non l'ha mai detto) è che non bisogna credere agli scrittori che chiedono di esser creduti in quel che rappresentano o confessano, al loro esser «veri» (e peggio se «veri» di «verismo»); e che uno scrittore attinge alla verità dell'esistenza attraverso la mistificazione, il gioco, l'ambiguità, l'inganno: in sé, di sé, dei sentimenti, delle cose, dei fatti. «Saltimbanco dell'anima mia», di sé diceva un poeta italiano «crepuscolare» («crepuscolari» furono denominati da Giuseppe Antonio Borgese i poeti di un certo simbolismo, alquanto algolagnici e malinconici, ma capaci anche di ironia e a volte beffardi: «crepuscolarismo» di cui Bufalino ha una certa vena).

Anche chi da una simile idea della letteratura si considera lontano e nel suo essere scrittore involge una professione di fede «nelle magnifiche sorti e progressive» dell'uomo nella storia, non può ignorare – o comunque non sentirne la pungente premonizione – che tal professione di fede è un'illusione con scarse probabilità di diventare «azione» e che di uno scrittore, in definitiva, son più da credere le «menzogne» che le «verità»: poiché sono appunto le «menzogne» che in uno scrittore si mutano in «verità» e sono «verità»; ma «verità» a loro volta mutevoli, cangianti: e non sarebbero «verità» se immobili. Già un libro è tutto un teatro di menzogna, di menzogna che si è fatta verità: mentre lo scrive un autore va allontanandosi dall'idea o ragione per cui ha cominciato a scriverlo; e finisce di scriverlo che non sa più se quell'idea o ragione davvero vi si informino e svolgano; vale a dire che non sa più perché l'ha scritto, come l'ha scritto, quali elementi della realtà, dell'esperienza, della memoria più remota e della sensitività più contingente vi hanno avuto parte, di quali oscurità della coscienza, dei sentimenti e dei sensi si è nutrito, di quali illuminazioni; né sa se l'ha scritto per sé o per gli altri, per un se stesso che comprende gli altri o per gli altri che sono se stesso. Sicché quando l'autore si chiede il perché e il come, ecco che alla «menzogna» si aggiunge «menzogna»; cui poi si aggiungono le «menzogne» della critica e dei lettori. E insomma su un libro, a renderlo «verità», tante «menzogne» convergono.

Ho usato la parola autore pensando a Pirandello. Poiché oggi più di prima si tende a una dislocazione geografica della letteratura italiana moderna e contemporanea, a una centrifugazione regionale e regionalistica che innegabilmente c'è ma che specialmente nei riguardi degli scrittori siciliani (senza i quali, bisogna pur dire, non molto conterebbe oggi la letturatura italiana), viene applicata come categoria etnica, sfiorando il razzismo e dando luogo a cretinerie del tipo « il clan dei siciliani »; poiché, dunque, si deve parlare (ed è giusto parlarne: ma con cautela) di un carattere e di una tradizione che son peculiari alla narrativa siciliana, non si può non pensare a Pirandello, che ne è il punto di riferimento più alto e, nella sua visione della vita, il più siciliano di tutti: il che serve anche a dimostrazione di come il massimo della sicilianità coincida col massimo dell'universalità.

Pirandello ha alle spalle Eraclito, Empedocle e Gorgia; e sotto gli occhi quel *gran teatro del mondo*, inesauribile, pieno di contraddizioni e contrasti, fluttuante tra l'essere e l'apparire, che è Girgenti, piccola città – « Spoon River », « Our town » – della Sicilia occidentale. E Bufalino ha alle spalle Pirandello e sotto gli occhi una biblioteca: a volte labirinto, a volte scacchiera; o insieme labirinto e scacchiera, angoscia e gioco. E non che in questo labirinto, in questa scacchiera, la realtà di Comiso (il paese in cui è nato e vive) e della Sicilia non si insinui a complicarlo o a muovere qualche pedina; ma il suo venire « dopo Pirandello » principalmente si costituisce nell'aver trasferito quel fluttuare del mondo, quelle contraddizioni, quei contrasti, quelle opposizioni senza sintesi, quegli inconciliati e inconciliabili conflitti, dentro l'autore, dentro il suo essere scrittore, dentro il suo scrivere – che anche per lui, come per Pirandello, quasi costituisce la totalità del vivere.

Al suo primo libro (ma è davvero il primo?) specialmente, ma anche agli altri che ha successivamente pubblicato, Bufalino ha posto come delle note a margine, delle dichiarazioni, delle confessioni che appunto sembrano andare nel senso, per dirla approssimativamente, di un « pirandellismo introvertito », di un pirandellismo dentro lo scrivere, dentro l'essere scrittore; pirandellismo di una specie che Pirandello non sentì: tutto il fluttuare, il vacillare e lo stravolgersi del mondo, tutti i conflitti e le metamorfosi, per Pirandello non toccano l'autore, l'Autore: amanuense della realtà ma anche demiurgo. Bufalino invece... Ecco, per esempio, una sua confessione, e proprio su *Diceria dell'untore*: « Confesso che il primo capitolo che scrissi (non è il primo nell'ordine canonico e non conta dire qual è) nacque come un gioco serio, la scommessa di trovare intrecci plausibili fra cinquanta parole scelte in anticipo per timbro, colore, carica evocatoria comuni. Qualcosa di meno maniacale delle matematiche di Raymond Roussel, e di cui mi sentirei di difendere la liceità: non essendo, nel mio caso, il legame tra le *fiches* in dotazione né fortuitamente ritmico (come nei sonetti a rime obbligate) né esoterico o cabalistico, ma nascendo da una parentela e coalizione espressiva e musicale ... ».

Vertiginosa confessione; e da dar le vertigini a ogni traduttore.

1988

CIURI DI STRATA

Ciuri di strata. Prima edizione, 1922: con prefazione di Federico De Roberto. Seconda edizione, 1948: con prefazione di Vitaliano Brancati. Terza edizione, 1978: con questa mia nota. Ventisei anni tra la prima e la seconda; trenta tra la seconda e la terza: cinquantasei in tutto, quasi la mia età. Tre scrittori siciliani, di tre successive generazioni, che si sono trovati ad esprimere, per questo libro di poesie, siciliane e in siciliano, il loro sentimento e giudizio. Tre scrittori che hanno conosciuto Francesco Guglielmino e gli sono stati, in modo diverso, in diverso rapporto, particolarmente affezionati. De Roberto era già grande e affermato scrittore quando conobbe il giovane Guglielmino: e c'è da credere che la stima dell'uno e l'ammirazione dell'altro non siano mai arrivate a fondersi in quella confidenza che si stabilì invece con Verga (la confessione di Verga sulla *Duchessa di Leyra,* romanzo che mai avrebbe scritto perché sapeva far parlare la «gentuzza» ed era incapace di far parlare i nobili, fu appunto Guglielmino a raccoglierla e a passarla poi a Brancati). Brancati lo conobbe come professore, «in un'aula luccicante del sole di Sicilia»: «Egli per primo mi parlò della Grecia in greco ... Educato dalla Cortesia, dalla Poesia, dal Rispetto per gli altri, dalla Serenità di giudizio, egli parla la più saggia e umana lingua che si sia mai parlata ...». E io l'ho conosciuto come un vecchio poeta che aveva scritto un incantevole libro di versi, era stato vicino a due scrittori grandi ed amati, era stato maestro di un altro scrittore che conoscevo ed amavo.

Nel 1952, preparando l'antologia dei poeti dialettali del Novecento che poi pubblicò Guanda, Pasolini mi chiese di occuparmi dei siciliani. Per la verità, io conoscevo pochissimi poeti dialettali siciliani: Giovanni Meli, Domenico Tempio, qualcosa di Alessio Di Giovanni, qualcosa di Vann'Antò... E mi parve buona l'occasione che Pasolini mi offriva di conoscerli tutti. Me ne consigliai con Luigi Monaco, che era stato preside della scuola magistrale che avevo frequentato: uomo di solida e sterminata cultura, maestro per me indimenticabile: uno di quegli uomini che non scrivono libri forse perché il loro destino è di avviare altri a scriverne. E Monaco, tra le tante indicazioni, con particolare calore mi diede quella del libro di Guglielmino. Mi parlò del libro (che non possedeva più: furato da uno dei tanti che attingevano alla sua biblioteca) e dell'uomo, che conosceva bene. Mi incoraggiò a scrivergli. Gli scrissi. Ne ebbi cordiale risposta; e l'introvabile

Ciuri di strata. Nacque così, tra Guglielmino e me, una corrispondenza da parte sua molto affabile. Conservo ancora le sue cartoline postali di fitta ma chiara scrittura (solo una volta, mi pare, mandò una lettera in busta: ma perché accompagnava una lunga poesia sul comunismo, arguti versi rivolti a una giovane comunista: e possiamo immaginarla bella). Poi ci incontrammo in un caffè di Catania che lui usava frequentare, dalla parte di via Etnea verso il Duomo; e da allora ogni volta che capitavo a Catania, e sempre in quel caffè.

Guglielmino aveva ottant'anni, quando lo conobbi. Era quasi totalmente sordo, ogni volta che aprivo bocca per dire qualcosa mi trovavo piantata davanti, a dieci centimetri, la nera scatoletta-microfono: inutile per lui, inibitoria per me. Ma capitava raramente, poiché amavo ascoltarlo. Mi parlava di Verga, di De Roberto, di Martoglio; mi confidava gli affanni che Brancati a lui confidava.

Arrivava al caffè puntualissimo: il bastone sottobraccio, come se ci tenesse a non appoggiarvisi. Sedeva, tirava fuori un libro da una tasca della giacca; la pipa, il tabacco e i fiammiferi da un'altra. E cominciava a parlare. Quando lo lasciavo, se dalla porta del caffè mi voltavo a guardarlo, era già immerso nella lettura. Solo una volta è capitato che uscisse con me, che non restasse a leggersi il libro. E forse fu l'ultima volta che lo vidi, se mi resta indelebile l'immagine di lui che risale, a passi brevi, leggermente striscianti, ma non lenti, ma sicuri, la via Etnea: il bastone sempre sottobraccio, un lato della giacca tirato giù dal peso del libro.

130

Per l'antologia, dei tanti poeti che lui già conosceva e dei pochi che io gli avevo fatto conoscere, Pasolini ne scelse tre: Di Giovanni, Guglielmino e Vann'Antò. Altri trovarono giusta segnalazione – e qualcuno largamente citato – nell'introduzione. A Guglielmino l'antologia piacque molto: e non perché vi si trovasse in così ristretta ed eccellente compagnia. Era proprio come Brancati ne scrive nel libretto *I piaceri*, capitolo « I piaceri dell'amicizia »: generoso, gentile, rispettoso, sereno. Mi ricordava, per i modi oltre che per la forma della testa, Pietro Paolo Trompeo. Ma Guglielmino aveva anche il gusto della battuta arguta e qualche volta tagliente, dello scherzo, della beffa. Era anche un po', in questo e nel vagheggiamento della bellezza femminile, *personaggio di Brancati*: ma consapevolmente, con autoironia. L'antologia gli piacque molto, dicevo. E fu contento anche di un numero del « Belli », una rivistina di poesia dialettale che faceva a Roma Mario dell'Arco, in parte dedicato a lui. Si apriva con un *Omaggio a Guglielmino* di Vittorio Clemente (delicato poeta in dialetto abruzzese); c'era poi una piccola antologia scelta dai *Ciuri di strata*; si chiudeva con un mio *Ritratto di Guglielmino*. Nell'anno 1954, credo.

Mi pare che Clemente, riconoscendo a Guglielmino il merito di aver fatto una poesia veramente siciliana, veramente dialettale, contro una tradizione che, partendo dal Meli, dava nell'astratto e nell'italianizzante, un po' gli rimproverasse l'occasionalità dei temi. Quasi che Guglielmino, uomo colto, letterato, grecista, si fosse abbandonato a far versi in dialetto soltanto in momentanee ac-

131

censioni o in ricreativo esercizio: e proprio per pregiudizio di uomo colto nei riguardi del dialetto. A me pare invece che Guglielmino non nutrisse per nulla un tale pregiudizio e che la ragione per cui ha lasciato un solo volumetto di poesie sia la stessa per cui non molti saggi ha lasciato di letteratura greca. Era un uomo cui piaceva vivere, stare tra la gente, guardare, scrutare, pensare; e leggere. E la sua si può anche considerare poesia d'occasione: ma non di più e non di meno di quanto fossero d'occasione certi idilli di Di Giacomo. Ecco: propriamente le poesie di Guglielmino sono idilli – e cioè brevi contemplazioni, brevi e intensi stati d'animo, sfuggenti gioie, momentanee malinconie. Un po' come un diario: ma tenuto senza assiduità, con larghi vuoti di giorni, di mesi, anche di anni.

Effettualmente, di fronte ai *Ciuri di strata,* siamo alla prima poesia romantica siciliana; e con qualche tono crepuscolare. Ha ragione Brancati: « romantica come nessun'altra poesia dialettale ». Solo che bisogna anche riconoscervi una misura e una grazia che sono settecentesche; e una musica. Senz'altro dunque segna una svolta e uno sviluppo nell'essere veramente, profondamente dialettale; ma senza che con ciò abbia perduto i legami con la tradizione: con Giovanni Meli, col Tempio meno greve.

1978

LETTERE SPIRITUALI

A scuola, al secondo anno di storia della filosofia (soltanto di forzato e vacuo lavoro della memoria il primo), ebbi la fortuna di trovare un professore che la filosofia amava raccontarcela per problemi, invece che – come programmi e libri di testo imponevano – per cronologia; e ogni problema, e ogni sistema di cui era parte, ce li rappresentava e spiegava con tale essenzialità e chiarezza da inchiodarceli per sempre nella memoria. Faceva, anche, molto uso delle immagini: e nelle parole, acutamente cogliendole negli scritti e nelle biografie dei singoli filosofi e fantasiosamente dispiegandole, e ricorrendo a volte a disegni che rapidamente tracciava sulla lavagna: immagini che – ho scoperto più tardi – son quelle che della filosofia Francesco Acri chiamava «argomenti veri».

Alla prima lezione, il professore – si chiamava Giuseppe Bianca, passò poi ad insegnare all'università: e molto mi pare si sia occupato di estetica cinematografica – sulla lavagna disegnò un occhio da un lato, un albero dall'altro; poi una freccia che partendo dall'albero andava all'occhio, altra che partendo dall'occhio andava all'albero; poi ancora altre due che, una partendo dall'albero e una dall'occhio, a metà strada si incontravano. Ci spiegò il significato del disegno: e che tutti i sistemi filosofici di cui ci saremmo occupati vi erano sommariamente contenuti.

Per tutto l'anno scolastico si parlò *anche* di filosofia secondo i programmi ma facendo del tutto a meno del libro di testo; ma si parlò sopratutto del fascismo, allora imperante e di orecchio tanto pronto e sensibile qual quello di Gerardino, protagonista della commedia di Brancati *Le trombe di Eustachio,* appunto scritta in quegli anni a simboleggiare la delazione sempre in agguato (e come una simile commedia o, dello stesso Brancati, l'introduzione a un'antologia di pensieri del Leopardi riuscissero a passare le griglie della censura, forse più che una *défaillance* del fascismo è da vedere – italianamente – come uno strizzar l'occhio, *particulare,* personale, del funzionario fascista all'antifascismo che già cominciava ad apparire vincente). Infatti, quel che il professore diceva del fascismo che non amava e che noi apprendevamo a non amare, a quell'orecchio arrivò: ma per delazione di un suo collega, non per leggerezza di qualcuno di noi alunni. Difeso dal preside, da alcuni colleghi e da tutta la nostra classe, per il professore fu però guaio di poco momento.

Tra i filosofi di cui si conversava (propriamente

si conversava, e anche, cosa che allora era incredibile potesse accadere in un'aula scolastica, fumando), il professore evidentemente amava molto Spinoza; e io ne ero affascinato. E mi consigliò, il professore, di leggere un libro che su questo filosofo aveva scritto, chiarendone ogni oscurità, un filosofo italiano che il fascismo aveva allontanato dall'insegnamento universitario: Giuseppe Rensi.

Trovai il libro alla biblioteca comunale: e avidamente lo lessi pigliando qualche appunto, copiando qualche pagina. Libro davvero di cristallina chiarezza e di grande passione: e oltre a rendermi più affascinante Spinoza, mi affezionò a Rensi così intensamente e durevolmente che non solo lessi e rilessi allora tutti i suoi libri che riuscii a trovare, ma ancora oggi, quando la sera cerco un libro che mi accompagni a chiudere la giornata con intelligente serenità, armoniosamente in accordo con me stesso, con la vita, con la morte, spesso mi accade di riprenderne uno suo: i suoi paradossi, i suoi dialoghi, il suo *Gorgia*, la sua *Autobiografia intellettuale*... E, da oggi, queste sue *Lettere spirituali* che mai ero riuscito a trovare nell'edizione del 1943: forse stampate in poche copie, in quell'anno in cui la Sicilia si trovò drasticamente separata dal resto d'Italia e in cui io, permettendomi qui di divagare (ma effettualmente non tanto), acquistai coscienza – nell'insorgere del separatismo: e quindi dolorosamente, con sgomento e direi persino con paura – della necessaria e inalienabile italianità di quest'isola. Ma si può fare oggi un discorso di amore all'Italia che

135

il sentimento non sembri attardato sentimentalismo? Perché l'Italia è anche questa: di figure che sembrano emarginate e quasi scomparse, di insegnamenti che sembrano inascoltati: e invece hanno, non conclamata, una loro forza sotterraneamente e a volte, quando più occorre, un'improvvisa insorgenza. Ed è l'Italia – per ricordare i più vicini – dei Salvemini, dei Martinetti, dei Borgese, dei Rensi, dei Buonaiuti. Che non è l'Italia che reinventa Machiavelli, ma quella che rilegge Dante: per dirla con una battuta. Né è un caso che gli uomini di cui ho fatto il nome abbiano pagato di persona la loro « eresia ».

Diversi per temperamento e per fede, nell'alta spiritualità della loro « eresia » Rensi e Buonaiuti si sono riconosciuti (e Buonaiuti eretico lo era anche, per così dire, tecnicamente: di fronte alla Chiesa di Roma che era stata la sua e come sua lui continuò a sentire). E a Buonaiuti dobbiamo un profilo biografico e critico di Rensi molto appassionato e molto vibrante. E mi riporta, questo profilo, a considerare quanto giusto, quanto propedeutico rispetto a tutta l'opera sua, sia stato quel mio primo, lontano incontro con Rensi: su Spinoza, sul suo Spinoza. Dice Buonaiuti: « La monografia dedicata dal Rensi a Spinoza è veramente un modello di scrupolosa aderenza ai testi analizzati e un monumento di perspicuità analitica. Non era compito agevole scoprire i collegamenti sotterranei di tutta la grande costruzione spinoziana. Rensi si apre la via alla vera intelligenza di Spinoza fin dalle prime pagine del suo saggio, proponendo opportune correzioni terminologiche ... Per lui Spinoza è veramente un inebriato di Dio, uno che non vede che Dio, e tutte le cose singole soltanto in Lui e nella Sua luce, un uomo pervaso dal senso del divino, da un potentissimo afflato religioso e da una vera onda di divina mistica ebbrezza, se si intende per Dio, un Dio impersonale e panteistico, la stessa autocreantesi ed eternamente rinnovantesi vita dell'Essere. E il Rensi giunge a proclamare che intendendo Spinoza così, appar chiaro come lo spirito che permea l'opera di Spinoza è il medesimo spirito che, con diverso linguaggio e sullo sfondo di una raffigurazione religiosa diversa, circola per entro alla *Imitazione di Cristo*. E nell'*Imitazione di Cristo*, il Rensi, l'uomo dalle infinite letture e dalla adamantina memoria, ricava alcune sentenze che sembrano a lui tali da poter essere addotte come espressione esatta del succo vitale del pensiero spinoziano ... Ma non è soltanto con l'*Imitazione di Cristo* che Rensi genialmente pone a contatto il misticismo monistico di Spinoza. Arditamente, egli pone il pensiero dell'israelita olandese su una linea continuativa col misticismo naturalistico di Giordano Bruno e di Campanella da una parte, con la posizione ontologistica di Malebranche dall'altra».

Lunga citazione (e frammentata): ma dice meglio di quanto io sarei mai riuscito della sorgente del pensiero di Rensi e del suo muoversi «genialmente», «arditamente». Che son parole che possono contrassegnare tutta la sua opera, finora quasi misconosciuta, appunto in forza della sua genialità e del suo ardimento e che oggi ha tutta la potenzialità e possibilità di aprirsi a rispondere alle nostre inquietudini: una risposta «spirituale», nella delusione delle risposte «materiali» tanto cercate e tentate. Ed è ancora Buonaiuti a dire, di queste *Lettere spirituali*, «che sono del Rensi la suprema confessione e possono essere salutate e valorizzate come una proclamazione di fede religiosa e cristiana che riscatta più di una generazione di studiosi laici italiani da una pesante eredità di indifferenza e di ostilità ai valori del Sacro e del Vangelo»: ma nel senso, oggi drammaticamente attuale, che lo stesso Rensi precisa in un punto di queste *Lettere*: che il più grande, il più vero, il più intrepido sentimento religioso è quello che nasce dalla distruzione dell'egoismo. Di quell'egoismo – si può aggiungere senza la minima forzatura: poiché Rensi tutti li intravide e fronteggiò nel suo lungo e chiaro discorso – che genera gli egoismi: delle razze, delle nazioni, delle chiese, delle classi, delle fazioni.

1987

NOTA. Il profilo biografico di Ernesto Buonaiuti fu pubblicato a Roma, nel maggio 1945, come primo numero di una collana che s'intitolava Maestri sotto la tormenta - Esuli in Patria. È da credere non sia andata oltre il primo numero. Sulla vita e le opere di Rensi hanno scritto anche, in anni a noi più vicini, Mario Untersteiner e Paolo Vita-Finzi. Postume sono state pubblicate e ripubblicate alcune opere (ma di ristrettissima circolazione) con introduzioni dello stesso Untersteiner, di Alfredo Poggi, di Paolo Rossi.

IL GATTOPARDO

A don Giulio Maria Tomasi, antenato dell'autore del *Gattopardo* e, col nome di Fabrizio Salina, protagonista del libro, spettavano questi titoli: «Principe dell'isola di Lampedusa; duca di Palma; barone di Montechiaro; signore e padrone della Terra della Torretta; barone del Falconeri, Raffo, Rosso, Santo Nicolò, Colobrino e Zarcati; signore dei feudi di Montecuccio, Bellolampo, Belliemi, Communi, Communaccio, Mandranuova, Ficoamara, Villa, Celona, Cassarino, Pozzillo, Carrobito, Affacciomare, Santa Domenica, Gibildolce; dei tre Territori di Donna Ventura, Casa Romana e Renella; delle masserie di Fazio, Casotte, Argivocale e Manca; gentiluomo di camera con esercizio di Sua Reale Maestà, cavaliere dell'insigne Regio Ordine di san Gennaro, Grande di Spagna, eccetera...». Così negli atti pubblici e nei diplomi prima del 1860, quando questi titoli corrispondevano a un concreto possesso dei luoghi di cui erano nome e costituivano ricchezza e rendita. Erano luoghi di quelle che oggi sono le provincie di Palermo, Agrigento e Ragusa: paesi, borgate, fattorie (masserie); e intorno tanta terra, di solito mal coltivata o lasciata addirittura incolta per i pascoli. Gli oliveti, i mandorleti, le vigne facevano oasi nelle vicinanze dell'abitato; il resto era deserto.

Questi paesi e feudi, questi possedimenti che ingentemente si estendevano nella Sicilia occidentale, confluivano alla famiglia Tomasi anche per dote ed eredità dei rami femminili, e cioè delle famiglie Caro, Trajna, Valguarnera, Roano e Pollastra: cognomi che don Giulio Tomasi univa al proprio e famiglie la cui storia distillava follie erotiche e mistiche e, soprattutto, quella noncuranza dei beni terreni «per assuefazione» che porta alla perdita dei beni stessi e permette agli «sciacalli» (e cioè alla classe borghese-mafiosa) di impadronirsi delle terre e del potere che prima era dei «gattopardi». In questo passaggio – dai «gattopardi» agli «sciacalli», dall'aristocrazia alla borghesia mafiosa – è il senso storico del romanzo: con tutta la malinconia, il disincanto e lo scetticismo che naturalmente comporta la visione della fine di una classe sociale, cui Giuseppe Tomasi estremamente apparteneva, e l'insorgerne di altra, ingiusta, violenta e imprevidente quanto la prima, ma di avara povertà nella ricchezza che andava accumulando, incapace di accedere a quella che Talleyrand chiamava «la dolcezza del vivere».

Ma qui ed ora, di fronte a queste immagini che

140

sarebbero da dire «strologate» da Piero Guccione, *Il Gattopardo* ci interessa più in estensione che in profondità; nell'estensione di cui si è voluto dare elenco nei titoli cui la Consulta Araldica (istituzione ormai abolita) dava diritto alla famiglia Tomasi. Estensione, intendiamo, nel senso del dispiegarsi del paesaggio, del suo variare, del suo sciogliersi nei colori e nella luce: ma vi è implicita anche la profondità della presenza umana, della storia umana nella sua particolarità e insomma di quel rapporto tra la natura e l'uomo per cui la natura produce una particolare civiltà e quella civiltà improntà di sé la natura: circolarità che si ripete in ogni luogo abitato dall'uomo, in ogni luogo che ha storia, e che Borges condensa nel paradosso che spostando un pugno di sabbia un uomo «modifica» il deserto.

Le terre dei Tomasi, come si è detto, si estendevano dalla provincia di Palermo a quelle di Agrigento e di Ragusa, raggiungendo – estremo luogo forse mai visitato da un Tomasi nei più che due secoli in cui ne ebbero dominio – l'isola di Lampedusa. E del resto è presumibile che tanti dei luoghi da cui prendevano titolo mai siano stati visti dai Tomasi nei secoli XVIII e XIX: tutta la nobiltà siciliana si era concentrata a Palermo e vi risiedeva stabilmente, lasciando i vecchi castelli e le case di campagna agli amministratori, ai «collettori», ai «gabelloti», ai mezzadri: che era quel ceto che abbiamo approssimativamente definito «borghese-mafioso» che, grazie alle ruberie e alle usure esercitate sui padroni, blandendoli e impaurendoli al tempo stesso, cominciava ad emergere e col quale la Sicilia fino a ieri, se non addirittura fino ad oggi, ha dovuto fare i conti. « Gli sciacalli, le iene ». E insomma: i Calogero Sedara.

La Sicilia in estensione, la Sicilia visuale, la Sicilia-paesaggio sottende dunque nel *Gattopardo* la Sicilia « modo di essere »: nonché uno stato d'animo passeggero e cangiante, il paesaggio è trasposizione visuale, e fortemente emblematica, di una condizione umana, di una storia, di un destino. Se ne può trovare il *leitmotiv* in questa frase – che appunto come un *leitmotiv* musicale nascostamente percorre tutto il libro e a momenti riaffiora in variazioni, slarghi, richiami, echi: « sotto la luce di cenere, il paesaggio sobbalzava, irredimibile »; in cui già il sobbalzare della carrozza allude allo stato delle strade siciliane, al tempo stesso che conferisce un che di ondeggiante dormiveglia ai viaggiatori, un che di sognato, di onirico (soggettivamente, come stato d'animo, oltre che oggettivamente, nel monotono ed aspro modularsi del paesaggio: come « in tutte le manifestazioni siciliane ») e in cui « la luce di cenere » (luce che s'appartiene alla Sicilia dell'interno in egual misura di quella intensa di sole, d'azzurro e di verde che è luogo comune della propaganda turistica, di molta letteratura e di molta pittura) trova coronamento in quell'« irredimibile » che da fatto visivo, dalla disperazione del viaggiatore che vede sotto i suoi occhi scorrere un paesaggio monotono e malinconico che sembra non debba mai finire, diventa giudizio morale e storico e, in definitiva, tema centrale del romanzo. La visione si muta in concetto: la Sicilia, nel suo paesaggio, nella sua gente, nelle vicende e tempeste della storia, è «irredimibile». Discutibile concetto, discutibile giudizio: ma a Tomasi di Lampedusa son valsi a scrivere un libro affascinante, in opposizione quasi a quell'altro libro, pubblicato più di mezzo secolo prima (precisamente nel 1894), in cui la classe aristocratica siciliana veniva caricata di responsabilità e colpe storiche: *I vicerè* di Federico De Roberto. Grande libro, forse il più grande romanzo italiano dopo *I promessi sposi*, ma su cui ancora pesa il giudizio di Benedetto Croce e della critica a lui seguace. Considerato privo di «poesia» e con almeno cinquanta pagine in più, cinquanta pagine che non ci volevano (ma nessuno pare abbia detto quali precisamente fossero), il romanzo di De Roberto è stato riscoperto – ma non clamorosamente, non da un pubblico egualmente vasto – dopo il successo del *Gattopardo*: ma nella sua più esatta idea della storia siciliana, nel suo duro giudizio sulla classe aristocratica, nella spietata rappresentazione delle illusioni e delusioni storiche che si concentrano intorno al 1860 (la fine del regno borbonico, l'impresa garibaldina, l'ingresso della Sicilia nel Regno d'Italia dei Savoia), *I vicerè* si può senz'altro ammettere che manchino di quella «poesia» che al *Gattopardo* è data dall'intrecciarsi di memorie genealogiche e personali, dalle malinconie e nostalgie di *un uomo della fine*: della fine di un mondo dolcemente «ancien régime», della propria classe, della propria vita. Nel *Gattopardo*, l'aristocrazia siciliana trova suggestivamente, fascinosamente, degli alibi esistenziali alle responsabilità e colpe che *I vicerè* di De Roberto le attribuiscono. Questi alibi sono dati dal clima, dal paesaggio, dalla «indifferenza ai beni terreni per assuefazione», dalla violenza dei sentimenti e delle passioni, dalla contemplazione assidua della morte (che è in effetti la più estrema e strenua delle passioni) e quindi dall'amore e compassione di sé nei confronti della morte. Siffatti alibi bruciano ogni speranza storica, ogni idea di migliorare e progredire, ogni ideologia: e forse appunto in ciò – nel crollo delle ideologie cui assistiamo – è da vedere quello che si suol chiamare «il messaggio» del romanzo, che apparve invece di conservazione, di reazione, quando vent'anni fa fu pubblicato. Immutabile è il destino dell'uomo siciliano; immutabile dovunque, nell'atroce successione dei fatti che le idee muovono, il destino umano: un destino da contemplare, fuggendo dallo spavento della storia, nello spavento cosmico di Pascal. Quieto, conciliante, appagante spavento per don Fabrizio Salina: che si accorda alla precarietà della vita e alla infinità della morte.

Dalla contemplazione del cielo notturno, cui don Fabrizio Salina si dedica (e davvero vi si dedicava don Giulio Tomasi, nonno dello scrittore, se in una cronaca agrigentina, alla data del 22 dicembre 1870, troviamo: «Ecclissi totale del sole. A bene osservarlo vengono in Girgenti il principe di Lampedusa e l'ex gesuita padre Perrone, ed alloggiano nella casa Pancano, ove armano due cannocchiali astronomici»: nota che ci certifica anche della reale esistenza del padre Pirrone del romanzo); dall'astronomia, dunque, di cui don

Fabrizio si dilettava, ci è venuta la parola «strologare» per queste immagini di Piero Guccione; parola che il più sensibile e acuto catalogatore che la lingua italiana abbia mai avuto, Niccolò Tommaseo, rimpiangeva fosse degenerata «a indicare abuso»: allo stesso modo che sono «abuso», possiamo aggiungere, la cabala del gioco del lotto e quella dell'interpretazione dei sogni di Freud. Secondo Tommaseo, «astrologia» è parola più esatta di «astronomia», poiché «astronomia pare voglia imporre agli astri una legge», mentre «astrologia» è un cercare di indovinarla. E dunque la parola «astrologare», «strologare», può avere il senso proprio di scrutare e studiare gli astri, di indovinarne le leggi e quello, più abusato e comune, di indovinare negli astri – come in un sogno immenso – il destino degli uomini. In questo duplice senso, così cogliendone l'essenza, possiamo dire che Piero Guccione ha «strologato» immagini dal *Gattopardo*: come dalla volta notturna che don Fabrizio contempla e che una di queste immagini rende con misteriosa e ineffabile profondità. Ed è da dire che nella storia del libro illustrato, delle interpretazioni in immagini di opere letterarie, non molti esempi abbiamo di così stretta congenialità, di così immediata e sottile affinità, paragonabili a questo incontro del siciliano Guccione col romanzo del siciliano Tomasi: onirico incontro, su una irredimibile realtà.

1988

« IO FACCIO IL POETA »

Vittorini raccontava di quando lui e Mezio, giovanissimi, incontrarono per la prima volta Francesco Lanza: alla stazione di Catania, tra un treno e l'altro, in una giornata di stagnante e fosca calura. In prima, ne ebbero delusione: nel fisico, nel modo di vestire, nel bagaglio che si portava appresso, nel parlare, Lanza non parve loro *un poeta*. Ma ad un certo punto lo riconobbero e identificarono come tale: e fu quando Lanza, indicando un alberello, disse « basterebbe che quei rami si muovessero appena... » per dire dell'afa che stavano soffrendo, del desiderio che l'aria si muovesse e che un leggero refolo desse refrigerio alle persone e alle cose.

Con Ignazio Buttitta non c'è da aspettare: la sua presenza è immediatamente quella del poeta: nel fisico, nello sguardo, nel movimento di togliersi e rimettersi gli occhiali o di portarseli sulla fronte (un movimento che sembra adeguarsi non

146

ad una esigenza puramente oculistica, ma a un *vedere* interno, a un rapporto con le cose interiormente scelto, a una collocazione di esse in una prospettiva ad ogni momento inventata e rinnovata); e in tutto quello che dice, in tutto quello che racconta, di sé e degli altri, di Bagheria e del mondo, delle cose di ogni giorno, del libro che ha appena letto, di una conversazione col cocchiere di piazza a Palermo o col grande poeta a Mosca, dell'incontro con un vecchio contadino o con un professore o con un mafioso: tutte le cose straordinarie (e lo diventano anche quando non lo sono) che a lui sono capitate e capitano ad ogni giorno, ad ogni ora, ad ogni momento. Nel suo raccontare tutto è immagine, metafora, ritmo. E procede per sprazzi, per improvvise illuminazioni di particolari, di dettagli; e con iterazioni ugualmente improvvise: ingorghi che deve far defluire, nodi che deve sciogliere qui ed ora, per lui e per noi, quasi che per la prima volta la rappresentazione del fatto, del personaggio, della cosa (non, ormai, il fatto, il personaggio, la cosa) venisse ad incagliarglisi in un senso misterioso, un segreto, una cifra: da penetrare, da svelare. E se più volte racconta la stessa cosa, a distanza di giorni o di anni, inalterabilmente si succederanno quelle immagini, quelle metafore, quel ritmo, quelle iterazioni misteriose e sospensive. Perché Buttitta *scrive tutto* – o forse, per dirla con Hemingway, sono le cose che scrivono Buttitta; e la sua opera propriamente scritta, materialmente scritta – i suoi manoscritti, i suoi libri – non è che una parte del Buttitta *scritto* che è poi l'intera sua

147

esistenza, l'intera sua esperienza, la sua memoria, i suoi sensi. E si direbbe che l'avvenimento della scrittura realizzata, del nero su bianco, delle parole sulla carta, sia per lui incidentale e fortuito, e quasi una costrizione. Una necessità e una convenienza: perché la poesia va detta e non costretta su una pagina, sigillata in un libro; comunicata da uomo a uomo, da uomo agli uomini, con la voce, il gesto, lo sguardo, le pause, le sospensioni, il respiro, il registro, il timbro. E viene da pensare a quel capitolo di Borges sul culto dei libri: ma per altro senso, in questo caso. Platone temeva la scrittura in quanto comunicazione che *è scelta*, da chiunque è in condizione di acquistare e leggere un libro, e *non sceglie*, come invece sceglie il discepolo o l'interlocutore colui che comunica oralmente; Clemente d'Alessandria, preannunciando oscurantismo, che «scrivere in un libro tutte le cose è lasciare una spada in mano a un bambino»; e quando Agostino, nelle *Confessioni*, fissa il momento e l'uomo da cui ha inizio la lettura silenziosa, il rapporto possessivo ed esclusivo tra il lettore e il libro, la nascita di quella che possiamo chiamare la civiltà della parola scritta, giustifica quel lettore, che era sant'Ambrogio, e quel modo di leggere, con questa ragione: «Io credo che leggesse in quel modo per preservare la voce, che gli diveniva fioca con facilità». Non trova nessun'altra, più intrinseca e profonda, giustificazione e ragione. E da una meraviglia quasi simile è colpito Ignazio Buttitta quando io, prima di sentirla dalla sua voce, gli domando la poesia da *leggere con gli occhi*. Con un certo disappunto, ogni volta dice: «Anche Elio [*cioè Vittorini*] voleva prima leggere con gli occhi», quasi che quello degli occhi sia un modo strano di leggere, poiché la vera lettura è quella che si ascolta, quella che viene dalla voce del poeta, inseparabilmente, unicamente. E non è che diffidi della scrittura: è che ritiene assolutamente indissolubile da sé, dalla sua vita, dal suo corpo, dalla sua voce, quel raccontare il mondo, quel goderlo e soffrirlo e ribellarsi che è la sua poesia. Da ciò la sua sprezzatura delle regole, codificazioni e convenzioni grammaticali e ortografiche; la sua *invenzione* del dialetto siciliano secondo la voce e senza tener conto della maggiore o minore leggibilità che la sua trascrizione offre. Ogni facilitazione alla voce, sembra dica Buttitta; gli occhi, se non chiedono aiuto alla voce, se la sbrighino come possono.

D'altra parte, questa è, peculiarmente, la radice popolare e contadina della sua poesia: la poesia che è parola-voce, il poetare che coincide con l'esistere, estemporaneamente e quasi fisiologicamente. Non c'è momento dell'esistenza – il più duro lavoro o il riposo, la gioia o l'affanno, *il miele o il fiele*, il lutto o la festa – che non possa essere calato in ritmi e rime, liberarsi cioè in un fatto mnemonico, diventare, insomma, pura memoria (la Memoria che era madre alle muse). E perciò la *disponibilità* di Buttitta, come gli antichi poeti del mondo contadino, come certi poeti estemporanei che ancora sopravvivono nella campagna di Mineo, alle occasioni. Egli può spremere poesia da qualsiasi fatto, da qualsiasi cosa: non, beninteso, in senso propriamente occasionale o celebrativo, ma sempre immediatamente attingendo al più giusto e sicuro sentimento e giudizio, alle proprie convinzioni, ai propri intendimenti. Non è, come nel *Paradoxe* di Diderot, la disponibilità di un'anima che « a été formée de l'élément subtil dont notre philosophe remplissait l'espace qui n'est ni froid, ni chaud, ni pesant, ni léger, qui n'affecte aucune forme déterminée, et qui, également susceptible de toutes, n'en conserve aucune », ma, al contrario appunto, di una personalità che considera il mondo tanto fluido da arrenderlo, in ogni momento e in ogni caso, alla propria forma e memoria. La prescrizione flaubertiana – « il poeta deve simpatizzare con tutto e con tutti » – si ha l'impressione, leggendo (ascoltando) le poesie di Buttitta, che si sia effettualmente rovesciata, e che tutto e tutti simpatizzino con lui.

Le radici popolari e contadine della poesia di Buttitta, cui si è accennato e che bisognerebbe esaminare più lungamente, non fanno di lui un poeta popolare se non nel senso di *poeta che sta dalla parte del popolo.* Anche nelle cose che sembrano più corsive e conviviali, e forse maggiormente in queste, è convenientemente « difficile »: e anzi quanto più precario e instabile è il punto da cui muove la sua *composizione poetica,* quanto più il ritmo e la rima sembrano affrancarlo dalla ragione ed esaltarlo, tanto più la poesia trova equilibri sottili ed ardui, interne e profonde ragioni. In questo senso, il libro di oggi è forse il suo più difficile, più complesso. C'è il Buttitta *impegnato* di sempre; ma c'è anche, sempre più carico di rifrazioni, di echi, di rispondenze, di avverti-

menti e presentimenti, un Buttitta incontenibil-
mente assalito dalla *simpatia di tutto e di tutti*; un
Buttitta che risponde con tutti i suoi sensi, con
tutto il suo essere, quasi moltiplicandosi, alle cose
che lo assalgono. Ma c'è, alta su tutto, la coscienza: e tutto vi si devolve e confessa – i sensi, l'impegno, l'ideologia, l'*ars poetica*, la parola stessa. E
senza assoluzione.

Chi scrive questa nota, più volte, di fronte ai libri
di Buttitta, si è trovato a fare il nome di Neruda:
e ad evidenza si può confermare qui, su certi canti, il richiamo. Ma una poesia come *U rancuri* – verità di fronte a se stesso e quindi, contro se stesso,
rancore – Neruda non l'ha mai scritta, non la scri-
verà...

1972

INCONTRO CON LUCIO PICCOLO

Capo d'Orlando, parlando della poesia di Lucio Piccolo, potrebbe anche trovarsi in Svezia: lo ha detto un critico. Ma le cose stanno in tutt'altro senso: che Capo d'Orlando, nuova e netta com'è, e votata al turismo balneare, potrebbe sì trovarsi in Svezia (anche se è consigliabile collocarla sempre un po' più a sud); ma senza Lucio Piccolo e senza la poesia di Lucio Piccolo. Le cui radici – dell'uomo che è, della sua poesia – sono tra Palermo e Capo d'Orlando, e anzi un poco più a monte di Capo d'Orlando, a Naso, a Ficarra, in quel nido ghibellino dei Lancia che più volte accolse Manfredi e dove più tardi i Piccolo avrebbero accortamente comandato senza impeciarsi nella feudalità. E tra tutte le grandi famiglie cui i Piccolo si sarebbero imparentati nel corso dei secoli, quella dei Lancia particolarmente arride alla fantasia di Lucio Piccolo: per quel «vento di Soave» che s'incarnò in Bianca Lancia e da cui appunto nacque Manfredi, per la fedeltà della famiglia agli Svevi fin oltre il Vespro, quando legittimamente, per aver sposato la figlia di Manfredi, Pietro d'Aragona raccolse l'eredità del Regno di Sicilia.

Tre fratelli furono gli ultimi Lancia. Uno era vescovo. «Purtroppo» dice Lucio Piccolo «l'unico ad aver figli era il vescovo». Lo dice senza malizia, senza dare al fatto altro peso che quello di una specie di incidente giuridico in cui i Lancia di Brolo erano andati infine ad incagliarsi: ma in verità non si riesce mai a distinguer bene, nella conversazione di Piccolo, la malizia dal candore.

I Lancia, le cui origini attraverso Bianca si fondono alle origini della poesia in Sicilia e al mito stesso della poesia, e i Filangieri che cinque secoli dopo, con l'autore della *Scienza della legislazione,* si fondono al mito della ragione, sono i miti genealogici di Lucio Piccolo. Entrambi provengono dalla linea femminile, ché i Piccolo erano intesi a pratiche più dimesse; e pare non si curassero dei privilegi feudali e del prestigio, ma di una potenza, che approssimativamente potremmo definire di livello borghese, conseguita e mantenuta attraverso cariche pubbliche. Un titolo – baroni di Calanovella – di cui, dice il De Spucches nella *Storia dei feudi,* nulla risulta dai registri ufficiali (ma forse si sbaglia): però il loro blasone («un guerriero armato, l'elmo chiuso, impugnante nella destra una spada, e tenente nel braccio sinistro lo scudo, sinistrato nel capo da una stella») è un po' dovunque tra Naso e Ficarra. «Possiamo soltanto dire» continua il De Spucches «che Francesco Piccolo fu giurato di Naso nel 1794». Era la politica dei Piccolo: comandare al di fuori della feudalità. Di tanta accortezza, Lucio Piccolo oggi un po' si compiace: ma con distacco, come se di un tempo ancora più remoto di quello di Bianca Lancia, di re Manfredi. I richiami della linea femminile sono più forti: e per spiegarli non c'è bisogno della psicanalisi, basta la poesia. E non dico quella che Piccolo scrive (sulla quale magari si potrebbe esercitare la psicanalisi, ma cautamente); piuttosto quella che è nel passato, nella storia, nei monumenti, nelle testimonianze.

La linea femminile è quella che collega Lucio Piccolo a Palermo, cioè al luogo peculiare della sua poesia. La madre di Piccolo era una Filangieri di Cutò, sorella della madre di Lampedusa. E la poesia di Piccolo è «palermitana» nel senso stesso per cui è «palermitano» *Il Gattopardo.* Ed è curioso come nessuno abbia mai notato come nei *Canti barocchi*, pubblicati quasi clandestinamente, ci fosse già *Il Gattopardo*: quel «mondo singolare siciliano, anzi più precisamente palermitano, che si trova adesso sulla soglia della propria scomparsa senza avere avuto la ventura di essere fermato da un'espressione d'arte» come diceva Piccolo nella lettera a Montale, inviandogli i *Canti barocchi.* E continuava: «E ciò, s'intende, non per mia programmatica scelta d'un soggetto, ma per una interiore, insistente esigenza di espressione lirica. Intendo parlare di quel mondo di chiese barocche, di vecchi conventi, di anime adeguate a questi luoghi, qui trascorse senza lasciar traccia. Ho tentato non quasi di rievocarlo ma di dar di esso un'interpretazione su ricordi d'infanzia». Un

mondo che veramente, prima di Piccolo, non a-
veva trovato espressione d'arte, anche se puntual-
mente, ossessivamente perfino, ne aveva registrato un mezzo secolo di vita (la seconda metà del
XVIII) il marchese di Villabianca. Ma i diari del
Villabianca stanno molto al di qua della poesia; e
declinano quel mondo attraverso testamenti, capitoli nuziali, donazioni, tributi, regalie e canoni;
in una lingua che oggi diremmo di comunicazione, di fondo giuridico, ma in cui tuttavia si insinua un senso di disgregazione e oscuramente si
riflette – ma a libro chiuso, nella memoria del lettore – un che di doloroso e di folle.

Dico a Piccolo di questo mio giudizio: che il
mondo dei *Canti barocchi* era già quello del *Gattopardo* e che, lasciando da parte la questione della
priorità (che pure è importante), la rappresentazione che ne dà Lampedusa ha un margine, per
così dire, di malafede storica che provoca alla
diffidenza e al fastidio. Piccolo ammette che può
esser vero: «Lampedusa, romanziere, si volse allo
studio dei personaggi e dei problemi sociali con
un atteggiamento di disilluso e peraltro sterile aristocraticismo; io invece, senza alcuna prevenzio-
ne, ascoltai e mi ascoltai *en poète*, e perciò in fondo, assai più semplicemente. Ma debbo dire che
la mia lettera a Montale fu scritta, per mia pre-
ghiera, da Lampedusa, riflettendo naturalmente
il mondo dei *Canti barocchi* ...». La rivelazione è
sorprendente, ma pensandoci bene la cosa non
poteva essere andata che così: Piccolo non avrebbe mai scritto una lettera che riflettesse il mondo
della sua poesia; e Lampedusa doveva essere la

sua coscienza critica (e un po' anche, forse, inibitoria). « Del resto, è facile notare che nella lettera c'è qualcosa di generico, di convenzionale, di fatto a bella posta. Lo notò anche Montale. Volevamo che il lettore restasse un po' perplesso ». Ma io credo che quel tanto di convenzionale e di generico di cui parla Piccolo e che giustamente Montale fece temere che nel libretto ci fosse, « una poesia puramente descrittiva », veniva dal fatto che Lampedusa parlava di un romanzo, il proprio che stava scrivendo o pensava di scrivere: cioè di una rappresentazione più « generica », più « convenzionale », più volgare in un certo senso e sicuramente più descrittiva, quale è appunto il romanzo rispetto alla lirica.

E parlando di Lampedusa e del *Gattopardo*, si ha l'impressione che Piccolo consideri appunto « volgare » un romanzo, e il successo conseguito attraverso un romanzo; e che se Lampedusa fosse vivo, su questo punto si sarebbero continuamente scontrati in quelle affiatate e affilate schermaglie che deliziosamente caratterizzavano, a quanto pare, il loro lungo sodalizio. Ma è soltanto una impressione. Del cugino Piccolo parla con affetto; e del *Gattopardo* con molta cautela e rispetto. Io non gli ho mai domandato un giudizio diretto; so però che quello che Dominique Fernandez e io abbiamo scritto sul libro di Lampedusa lui non ritiene sia una « interpretazione abusiva » (con questa espressione, in un programma delle università francesi, sono stati indicati il saggio di Alicata e il mio). E a proposito dei *Viceré* di De Roberto, recentemente Piccolo mi scriveva: « L'ho sempre trovato un libro interessantissimo. Vi *riconoscevo* molto. Certo è assai meno *costruito* del *Gattopardo*, ma più immediato e fecondo di possibilità, più vicino alle esigenze di oggi ».

Inevitabilmente, parlando del *Gattopardo*, si viene al « gran rifiuto » di Vittorini. « In fatto di gusti letterari e conseguenti giudizi » dice Piccolo « sono disposto a comprendere, se non ad accettare, tutto. Comprendo quindi – o meglio: potrei comprendere – come a Vittorini non fosse piaciuto *Il Gattopardo*. Quel che non comprendo e quindi non giustifico è come, a nome di una vastissima casa editrice, gli sia stata chiusa la porta in faccia. Dovrebbe saltare agli occhi di tutti come questo fatto abbia avuto un carattere settario, intellettualistico ed infine snobistico, d'uno snobismo se si vuole capovolto, ma snobismo. Lampedusa era snob. Molte volte ne scherzavamo; ma cercava, credo, di nasconderlo, volutamente esagerando certe volte, cert'altre negando. Ma era snob anche Vittorini. Lampedusa nel suo aristocraticismo un po' sdegnoso, Vittorini nel suo snobismo antisnobistico, erano sullo stesso piano ». Ma subito aggiunge: « Questo, d'altro canto, non toglie valore all'opera dell'uno come all'opera dell'altro ».

Io ho sempre pensato che il rifiuto di Vittorini fosse venuto dalle sue viscere siciliane, per così dire; dall'irritazione del siciliano che conosce le responsabilità storiche della classe aristocratica dell'Isola, ed ecco che si trova di fronte a un libro che offre una specie di affascinante alibi esistenziale per quella classe, e lo respinge. Ma il punto di vista di Piccolo, bisogna convenirne, è piuttosto acuto. Del resto tutto quello che Piccolo dice è di un'acutezza che sempre, sia che giunga a verità semplici sia che attinga al paradossale, sorprende e incanta. È uno che sottilmente conosce l'arte del conversare; i giudizi, gli aneddoti, i *calembours*, gli epigrammi, le citazioni scorrono nella sua conversazione con limpida e incantevole fluidità. E viene da rimpiangere che una così ricca vena, una così preziosa messe di esperienze e di ricordi, non confluisca in *diari* inesauribili quanto quelli del marchese di Villabianca, e tanto più luminosi. Mezzo secolo di vita palermitana vive nella memoria di Piccolo attraverso momenti e figure sottilmente vagliati e trascelti, quasi portati a un grado di depurazione da cui sorge la disponibilità all'accensione lirica, al canto (e nel crogiuolo del canto, a sua volta, un preciso giuoco di scelte e di rifiuti, una difficile combinazione di eventi, di toni, di effetti; sicché lo studio più serio che si può fare sulla poesia di Piccolo è quello di tentare di estrarne una «filosofia della composizione»). Conversando con Piccolo (o meglio: ascoltandolo) facilmente si cede a quella che Francesco Orlando, nel suo bellissimo *Ricordo di Lampedusa*, chiama «illusione d'una immemorialità atavica» nel rapporto tra l'aristocrazia e la cultura; e anzi addirittura la suggestione, aggiungerei, di uno stile immemorialmente cristallizzato. «E a quel tempo» scrive Orlando «io finii col soccombere all'illusione in pieno, fantasticando dietro quei due patrizi unici a Palermo tutta una classe di loro simili colti come loro, per aver divorato a sette anni Molière al posto di Topolino e *La tem-*

pesta al posto delle favole per bambini ». L'altro patrizio di cui parla Orlando è appunto Piccolo: e non so a che età abbia letto Molière e Racine, Voltaire, von Arnim e Teilhard de Chardin: ma l'illusione di un patrimonio culturale e di uno stile immemorialmente posseduti, e per privilegio di classe, è fortissima (anche per quanto riguarda Teilhard de Chardin o Joyce o Carlo Emilio Gadda). E si tratta senz'altro di una illusione, ché la cultura e lo stile sono sempre conquiste individuali; ma è certamente una peculiarità di classe quella di dare una simile illusione. Non è mai esistita in Sicilia una classe aristocratica di cui Piccolo si può dire esemplare sopravvissuto; ma è esistita una classe in grado di produrre, nell'immediato o remoto passato, una personalità « fuori del comune » come quella di Piccolo o di Lampedusa. E bisogna anche dire che quel che concorre a dare il senso della « immemorialità » è in definitiva una precisa « memorialità »: il Settecento assimilato, vagheggiato, rimpianto in quell'ideale dell'armonia e della dolcezza di vivere per sempre perduto « dopo la rivoluzione ».

Piccolo sembra non sappia niente, e niente voglia sapere, dell'autonomia siciliana e dei problemi che la travagliano: « ci saranno cose buone e cose non buone » dice genericamente, con una punta di fastidio. E della mafia? « Posso parlarne, al solito, da poeta e non da sociologo. Ho lavorato anzi per qualche tempo intorno alle impressioni lontane, di quand'ero ragazzo, di certe cose e di certi fatti che si possono dire mafiosi. Liriche come *Plumelia, Ex voto per le anime in fuoco* ... ».

È bello conoscere la Sicilia così: per miti, per emblemi, per presenze evocate, per allucinazioni, per atmosfere sognate. Ne sono, per contrasto alla mia più greve conoscenza della Sicilia, affascinato. E non è poi vero che non sappia niente dell'*altra* Sicilia: la sua cultura storica è profonda, la sua informazione « meridionalista » più accurata di quanto voglia far credere; solo che non vuole giudicare gli « sciacalli », né contrapporre loro i « gattopardi ». Quasi una astensione per fatto personale; che è segno non di indifferenza e di disprezzo, ma di onestà, di buonafede. Il suo dichiararsi poeta di fronte alla politica, di fronte alla mafia, di fronte a tutto ciò che travaglia la vita umana associata, in fondo è l'atteggiamento più storicamente cosciente, più storicisticamente esatto, di un *uomo* di qualità sopravvissuto alla sua classe. Non senza ironia, ma affettuosamente, racconta infatti di quel suo zio socialista che (un modo come un altro per rovinare un patrimonio) ebbe parte nel movimento dei Fasci Siciliani e si buscò i suoi giorni di carcere (« la sua cella all'Ucciardone era diventata un salotto, ci andavano anche le signore » dice Piccolo): Alessandro Tasca di Cutò, che è poi il Lando Lauretano de *I vecchi e i giovani* di Pirandello. I comizi dello zio, i giudizi dello zio sul fascismo: cose che segnano il tempo della memoria, che arricchiscono quasi di un che di esotico o di capriccioso il lessico familiare.

1968

LUIGI NATOLI E FRA DIEGO LA MATINA

Intorno al 1930 Luigi Natoli venne a Racalmuto, ad un simposio di poeti dialettali organizzato da un notaio che verseggiava, racalmutese ma residente a Milano. Ho un vago ricordo della manifestazione nell'insieme, ma preciso di Luigi Natoli che era tra tutti il più noto, il più popolare, non solo per i tanti romanzi che aveva fino allora pubblicato nelle appendici del « Giornale di Sicilia », ma anche perché tra questi ce n'era uno che aveva a protagonista il racalmutese fra Diego La Matina. Natoli fu anzi accompagnato, quel giorno, nella contrada di campagna denominata fra Diego, dove c'era una grotta – profonda, inesplorata, leggendaria – detta di fra Diego perché in essa il frate, evaso dal carcere dell'Inquisizione e datosi al brigantaggio, aveva trovato rifugio. Si disse che Natoli si fosse meravigliato di trovare nel paese ben viva la leggenda di fra Diego, e che se ne conservasse memoria nella denominazione, anche catastale, di una contrada, di una grotta e anche di una casa, in paese, che era stata convento: il convento di fra Diego. Lui il romanzo lo aveva scritto soltanto sulle notizie dei cronisti e degli storici palermitani: non era stato mai, prima di quel simposio, a Racalmuto; e nulla sapeva della locale tradizione intorno a fra Diego.

Qualche anno dopo lessi, nelle appendici del «Giornale di Sicilia» che un mio parente aveva ritagliato e conservato, il romanzo di Natoli. Mi fece grande impressione: quanto i romanzi di Saverio de Montepin, di Ponsone delle Terraglie (come Baldini chiamava l'autore del *Fabbro del convento*), di Victor Hugo, Dumas padre, Eugenio Sue, Tommaso Grossi e Francesco Domenico Guerrazzi che erano allora, confusamente, il mio pane quotidiano.

Trent'anni dopo (tanto per stare a un'atmosfera dumasiana), mentre scrivevo *Il consiglio d'Egitto*, mi sono di nuovo imbattuto in fra Diego. Avevo del tutto dimenticata la vicenda di cui è protagonista nel romanzo di Natoli: ma dalle pagine dei cronisti, da quello che dicevano e da quello che non dicevano, mi parve gigantesca figura; e che valesse la pena tentare di ricostruirla sui documenti, per quanto avari e reticenti. Lessi tantissime cose; e rilessi il romanzo di Natoli. Certo, mi piacque molto meno di quanto a dodici anni. Tecnicamente, non è dei suoi migliori: c'è, nei tempi della vicenda, un certo andare e venire non del tutto lineare, non del tutto sciolto; ma che non toglie la voglia del *vedere come va a finire*, e che sopratutto non la toglie al lettore popolare, abi-

tuato com'è ai salti nel tempo e agli arrampica-
menti genealogici delle storie cavalleresche. In
quanto alla storia, erano in effetti rispettate le tap-
pe diciamo giudiziarie e carcerarie di fra Diego; il
resto era pura immaginazione, cioè romanzesca e
meccanica invenzione. Quasi tutti i personaggi e-
rano «storici», non così i collegamenti tra loro e
con fra Diego. Il collegamento più improbabile,
ma anche quello che romanzescamente meglio
serviva al Natoli, era poi quello tra i protagonisti
della rivolta del 1647 e della congiura del 1649
con fra Diego La Matina. Grosso modo, Natoli fece l'operazione di riunire in una specie di con-
sorteria segreta tutti i personaggi di cui è memoria
nella storia civile e nella cronaca giudiziaria palermitana tra il 1641 e il 1658, dall'Atto di Fede in cui
fu bruciato Giovan Battista Vernon, guantaio francese, a quello in cui fu bruciato fra Diego.

Vernon (che, chi sa perché, Natoli chiama Ver-
ron) è il punto di partenza del romanzo. Nella
realtà, fu condannato come alchimista; Natoli lo
fa diventare invece ugonotto. Ma non ci mettere-
mo qui a notare le tante differenze tra i fatti e i
personaggi storicamente accertabili e i fatti e i personaggi del romanzo di Natoli: inutile, spropor-
zionata e insulsa operazione. Ci limiteremo, per
soddisfare la curiosità di qualche lettore, a dare
un sommario ragguaglio della vita di fra Diego.

Figlio di Vincenzo e di Francesca di Gasparo,
Diego La Matina risulta, dai registri conservati
nella Matrice di Racalmuto, battezzato in quella
chiesa, intitolata all'Annunziata, il 15 marzo del
1622: padrini uno Sferrazza, di cui non si legge

più il nome, e una Giovanna di Gerlando di Gueli; officiante, il sacerdote Paulino d'Asaro. Era signore di Racalmuto, a quel momento, il conte Girolamo II del Carretto; che, appena due mesi dopo il battesimo di Diego La Matina, veniva assassinato per mandato di un monaco del convento degli Agostiniani Riformati, certo Evodio o Fuodio da Polizzi. Non un monaco qualsiasi, per essere esatti, ma addirittura il fondatore di quel convento. Non informato (è sperabile) sull'assassinio di cui era stato mandante, lo storico Vito Amico dice «pio» il monaco. Noi ne riferiamo, comunque, solo per dire che il convento dei Riformati di Sant'Agostino, nel quale poi entrò il giovane Diego La Matina, non era certo un luogo dove a chi dava uno schiaffo si porgesse l'altra guancia: e nemmeno al signore di quella terra, che pure ne aveva promosso la fondazione e ne sovveniva le necessità, per come si legge nel libro terzo della *Sicilia Sacra* di Rocco Pirro.

Diego La Matina era già, tra i Riformati di Sant'Agostino, arrivato al secondo degli ordini maggiori, e cioè al diaconato, quando, nel 1644, e cioè a ventidue anni, fu arrestato dall'Inquisizione. Il teatino Girolamo Matranga, che sui casi di fra Diego e sulla definitiva condanna pubblicò nel 1658 una relazione, dice che fu quella volta arrestato come «scorridore di campagna», e cioè come brigante. Ma non si capisce perché dall'Inquisizione, che interveniva di solito in casi di eresia. Comunque, fu quella volta rilasciato. Ma di nuovo arrestato l'anno successivo. Rilasciato ancora, tornò nelle carceri inquisitoriali l'anno appresso, 1646. Processato, ritrattò i suoi «spropositi ereticali» e ne fu assolto: ma con la condanna di andare a remare, non si sa per quanti anni, nelle galere. Ma mentre scontava tale condanna, di nuovo cadde nell'eresia e ne fece anzi propaganda tra i suoi compagni di sventura. Lo riportarono in carcere, lo riprocessarono, lo condannarono a stare «recluso murato in perpetuo in una stanza»; ma «con meraviglia di chi vide il loco, ed il fatto udì, aprì delle segrete carceri fortissimo muro» e servendosi della corda che si usava per torturare si calò fuori, fuggì nella campagna di Racalmuto. Con meraviglia anche nostra, se guardiamo le mura dello Steri che riuscì a rompere. Ma era uomo di fortissima complessione, di enorme resistenza, indomabile.

Non si sa quando, precisamente, fu ripreso: in quella campagna, in quella grotta, cui è rimasto il suo nome. Riportato nel carcere inquisitoriale, tra la fine di marzo e i primi d'aprile del 1657, gli venne fatto di uccidere, colpendolo con le manette che gli stringevano i polsi, l'inquisitore di Sicilia don Giovanni Lopez de Cisneros: presumibilmente durante un interrogatorio con relativa tortura. Condannato a morte sul rogo, la sentenza fu eseguita nell'Atto di Fede del 17 marzo del 1658. Dalla relazione del Matranga, quella triste ed empia solennità si dispiega alla nostra immaginazione come nelle incisioni che fece poi Francesco Ciché di quell'altro Atto di Fede in cui due «quietisti» di Caltanissetta, fra Romualdo e suor Geltrude, salirono sul rogo nell'aprile del 1724: interminabili e splendide processioni, palchi lussuosamente addobbati, gentildonne e gentiluomini che si godono lo spettacolo, la plebe in kermesse, i prelati soddisfatti. E del resto Natoli ne fa una esatta descrizione nelle ultime pagine del romanzo: solo che la squallida prosa del Matranga più efficacemente riesce a comunicarci l'orrore di quella cerimonia.

Ma quale fu l'eresia di fra Diego? Questa nostra domanda ha incontrato finora, nella relazione del Matranga, nelle cronache, nelle carte d'archivio, una specie di congiura del silenzio. Mentre di tanti altri eretici condannati troviamo definita e qualificata la loro colpa, più o meno genericamente, di quella di fra Diego nulla ci è dato sapere. Ma appunto da questo nulla, da questo silenzio, da questa compatta omertà, possiamo cavare una ipotesi: che la sua fu un'eresia più civile e sociale che teologica. La sua vicenda si svolge del resto in anni di inquietudine sociale, di rivolte popolari, di congiure che possiamo approssimativamente dire borghesi. Affratellandolo ai rivoltosi del 1647 e ai congiurati del 1649, Luigi Natoli ha in qualche modo intuito l'eresia di fra Diego: un'eresia che non si poteva qualificare e definire senza pericolo di sedurre altri « nelli soi errori », come dice il Matranga quando parla dell'effetto che i discorsi di fra Diego ottenevano tra i suoi compagni di pena.

1975

NOTA AI TESTI

All'interno del volume – quasi una piccola galleria di ritratti di scrittori – i testi di Leonardo Sciascia sono accompagnati dalla data di stesura. Qui di seguito vengono invece indicate, per ciascuno di essi, le edizioni cui si è fatto riferimento:

Del dormire con un solo occhio
Saggio introduttivo a: Vitaliano Brancati, *Opere (1932-1946)*, a cura di Leonardo Sciascia, Bompiani, Milano, 1987

I viceré
Scritto introduttivo a: Federico De Roberto, *I viceré*, Einaudi, Torino, 1990

Savinio o della conversazione
Introduzione a: Alberto Savinio, *Opere - Scritti dispersi, tra guerra e dopoguerra (1943-1952)*, a cura di Leonardo Sciascia e Franco De Maria, Bompiani, Milano, 1989

Per un ritratto dello scrittore da giovane
Leonardo Sciascia, *Per un ritratto dello scrittore da giovane*, Sellerio, Palermo, 1985

Una Mansfield siciliana
Nota a: Maria Messina, *Casa paterna*, Sellerio, Palermo, 1981

Le «invenzioni» di Borges
Il Raccoglitore (1951-1959), antologia a cura di Paolo Briganti, La Pilotta Editrice, Parma, 1979

La veglia di Manuel Azaña
Prefazione a: Manuel Azaña, *La veglia a Benicarló*, traduzione italiana di Leonardo Sciascia e Salvatore Girgenti, Einaudi, Torino, 1967

Ritratto di Alessandro Manzoni
AA.VV., *La letteratura italiana*, a cura di Enzo Siciliano, Curcio Editore, Roma, 1988

Candido
Nota a: Voltaire, *Candido ovvero l'ottimismo*, traduzione italiana di Riccardo Bacchelli, Einaudi, Torino, 1983

Un pirandellismo introvertito
Introduzione a: Gesualdo Bufalino, *The Plague Sower*, traduzione inglese di Stephen Sartarelli, Eridanos Press, Hygiene, Colorado, 1988

Ciuri di strata
Nota a: Francesco Guglielmino, *Ciuri di strata*, Sellerio, Palermo, 1978

Lettere spirituali
Prefazione a: Giuseppe Rensi, *Lettere spirituali*, Adelphi, Milano, 1987

Il Gattopardo
Introduzione a: Giuseppe Tomasi di Lampedusa, *The Leopard*, traduzione inglese di Archibald Colquhoun, con un'acquaforte di Piero Guccione, The Limited Editions Club, Austin, Texas, 1988

« Io faccio il poeta »
Introduzione a: Ignazio Buttitta, *« Io faccio il poeta »*, Feltrinelli, Milano, 1972

Incontro con Lucio Piccolo
« Galleria », rivista bimestrale diretta da Leonardo Sciascia, Mario Petrucciani, Iole Tognelli, XXIX, 3-4, maggio-agosto 1979, numero dedicato a Lucio Piccolo

Luigi Natoli e fra Diego La Matina
Saggio introduttivo a: Luigi Natoli, *Fra Diego La Matina*, Flaccovio, Palermo, 1975

MARIA ANDRONICO SCIASCIA

FINITO DI STAMPARE NEL MARZO 2000 IN AZZATE
DAL CONSORZIO ARTIGIANO «L.V.G.»

Printed in Italy

BIBLIOTECA ADELPHI